영작문 *Classic*
문장에서 에세이까지
원리로 이해하라!

문장에서 에세이까지
원리로 이해하라!

영작문 Classic

윤혜준 (연세대학교 영어영문학과 교수) 저

영작문 *Classic* : 문장에서 에세이까지 원리로 이해하라!

초판 1쇄 발행 2007년 1월 5일

지은이   윤혜준
펴낸곳   아키온
펴낸이   이완재

등 록   1992년 11월 11일(제10-749호)
주 소   서울시 서대문구 북아현3동 192-2
전 화   (02)393-9814 / 365-6368
팩 스   (02)365-6369
E-mail   dongin1111@empal.com

ISBN 89-8482-124-1(03740)
값 10,000원

※잘못된 책은 교환해 드립니다.

　　　이 책을 쓴 목적은 영어로 글을 잘 쓰고 싶은, 또한 영어로 글을 잘 쓰려고 노력을 계속하고 있는 사람들에게 꼭 필요한 충고와 자문을 해주는 것이다.

　영어글쓰기는 갑자기 새로운 '고민거리'로 떠올랐다. 불과 10년 전까지만 해도, '회화'나 '리스닝' 능력 여부가 온갖 경쟁에서 사람을 골라내는 잣대였으나, 인터넷 시대가 모든 것을 바꿔놓았다. 이메일이나 블로그가 글쓰기 능력을 전면에 부각시켰기 때문이다. 또한 인터넷을 이용한 iBT TOEFL 이나 New TOEIC 같은 시험에서는 말하기 외에 글쓰기 능력을 측정하기 시작했다. 영어가 모국어가 아닌 한국인들에게 영어를 눈으로 읽고 귀로 알아듣는 능력에 덧붙여 영어를 말하고 쓰는 능력까지 갖추기를 요구하는 시대가 열린 것이다. 영어 때문에 받는 한국인들의 고통은 이렇듯 시대가 바뀌며 그 강도는 더 심해질 뿐이다.

그러나 이러한 고통을 경감시켜주는 처방은 흔치 않다. 기존에 나와 있는 숱한 '영작문' 책들은 막연히 영작문 예제를 나열해 놓고 무조건 반복 연습을 권하거나, 아예 (전혀 모범이 될 수 없는!) 모범 답안을 나열해 놓고 이것을 외우도록 강요한다. 하지만 이러한 처방으로 영어작문이 주는 고통을 얼마가 덜어낼 수 있겠는가?

기존의 '수험서' 류의 책들과는 전혀 달리, 이 책은 체계적으로

    A. 문장
    B. 문단
    C. 에세이

이렇게 세 단계마다 꼭 알아야 할 원리를 각기 한 문장짜리 "Principle"로 정리하고, 각 "Principle"에 해당되는 "Tutorial"에서 이를 상세히 설명해 놓았다. 그리고 마지막에 카트리나 홍수에 대한 기사들을 비교해 보며, 오늘날 미국과 영국에서의 영작문의 실제 모습을 분석한 후 이를 토대로 글짓기를 연습해 보는 단계로 책을 마무리했다.

필자는 이 책의 요소요소에서 독자들의 가장 큰 고민거리인 iBT TOEFL이나 New TOEIC 같은 영어 에세이 시험을 염두에 둔 충고를 하고 있으나, 이것을 별개의 '요령'이 아니라 영어 글쓰기 일반에 대한 이해의 일환이 되도록 하였다.

이 책을 지침서처럼 들고 다니며 숙독하고 아울러 꾸준히 문장, 문단, 에세이 연습을 각자 다양하게 해 본다면, 자신도 모르게 영어작문 실력을 갖추는 체험을 할 수 있을 것이다.

물론 시장에는 영어의 원리나 '요령'을 설명한다는 책들도 적지 않게 깔려 있다. 하지만 이런 책의 저자들은 대부분 오랜 연구와 교육을 통해 이들 원리를 깨달은 이들이 아니라 대중적 영어교육 시장에서 쉽고 빨리 돈을 버는 데 능한 이들이다. 이런 책들은 마치 영어에 대한 궁금증과 고민이 해결된 것 같은 느낌을 주는 게 장기이다. 하지만 선정적인 문구와 화려한 편집 속에 과연 영어에 대한 '진실'이 얼마나 밝혀졌는지, 독자들의 영어 실력이 이런 책을 읽으며 얼마나 더 나아질 지에 대해서는 깊은 의구심이 들 뿐이다.

이 책은 필자가 유학시절 미국학생들을 대상으로 영어 글쓰기를 가르칠 때부터 시작해서, 귀국해서 교수생활을 하며 지금까지 직접, 간접적으로 지도해온 영어 글쓰기 경험에 근거해서 쓴 책이다. 뭔가 학생들에게 꼭 필요한, 학생들의 '가려운 데'를 긁어줄 작문 책에 대한 필요성은 교수 생활을 시작할 때부터 깊이 절감하였으나, 그간 여건이 마련되지 않고, 또한 그간 '내공'이 부족했던 터라, 한국 대학 강단에 선지 15년째 되는 이제야 이 작문 안내서를 완성하게 되었다.

아무쪼록 이 책이 독자들의 영어 글쓰기 능력이 나아지는 데 일조할 수 있기를 바란다.

연세대학교 외솔관에서

윤 혜 준

머리말 · 05

PART 1. 문장 · 13

- A 동사 · 16
- B 동사의 변형과 연결 · 42
- C 명사 · 58
- D 말의 경제와 조화 · 71

PART 2. 문단 · 87

- A 문단의 구성 · 92
- B 문단의 기능 · 119
- C 글의 성격과 효과 · 131

3. 에세이   141

- A   논제(topic)과 논지(thesis)   146
- B   Exposition   160
- C   Argument   174

4. 영어 글짓기의 현장과 실제: 카트리나 1년 후   199

- A   루이지애나 주지사 편지   204
- B   미국 *LA Times* 사설   212
- C   영국 *The Guardian* 사설   224
- D   '내가 쓴' 사설   246

부록   **1. 구두점 (punctuation)**   253

      A 우리말에서도 쓰이는 구두점   255
      B 우리말에서 안 쓰이는 구두점   261

부록   **2. 기타 주의사항**   265

      A 이탤릭체   267
      B 인명 호칭   269
      C 숫자   270
      D 날짜   271
      E 주소 · 기타   272

PART. 1

문장

- A 동사
- B 동사의 변형과 연결
- C 명사
- D 말의 경제와 조화

정확한 문장을 만드는 것은 영어로 글을 쓰는 행위의 기본이자 절대적인 전제조건이다. 글은 말과 달리 모국어를 사용할 경우에도 문법이나 맞춤법을 알아야 뜻을 정확히 전달할 수 있다. 외국어인 영어로 문장을 쓰는 경우에는 더욱 그러하다. 비즈니스 영어 문서 작성에서건 iBT TOEFL이나 New TOEIC 등의 시험에서건, 기본 문법에 맞는 문장을 만들어내지 못한다면, 소기의 목적을 달성하는 것은 불가능하다. 곧잘 쓴 글에서도 문법적인 오류가 눈에 띄면 글쓴이의 품격이나 수준에 대한 의구심이 생기기 마련이다.

　　그러나 문법을 안다고 해서, 말하자면 문법지식을 많이 갖고 있다고 해서 영작문을 제대로 한다는 보장은 없다. 영어문법을 여러 해 연구한 한국인들의 영어문장이 조야한 것은 둘째 치고, 아예 문법에 어긋난 경우들을 종종 본다. 중요한 것은 작문에 활용할 수 있는 '실용문법'을 체계적으로 아는 것이다. 이 장에서는 문법지식을 위한 문법이 아니라 문장을 쓸 때 꼭 알아야 하는 핵심 문법을 정리해 놓았다. 영어 문장을 만드는 것 자체가 두려운 독자는 의당 이 장을 세심히 읽어봐야 할 것이다. 또한, 이미 문장 차원에서 별 어려움을 겪지 않고 영작문을 할 수 있다고 생각하는 독자들도, 한번 읽어두면 자신의 영작문 실력을 '정비'하는 효과가 있을 것이다.

A
동사 (verb)

　　　　　　　인간은 생각하는 동물인가? 생각없이 사는 인간이 적지 않다는 엄연한 사실을 고려하면 꼭 그렇지는 않다. 그렇다면 인간은 …? 일단 '동물'인 것은 분명하다. 언어를 사용하는 인간은 어떤 행위를 늘 하고 있는 움직이는 동물들이기에, '행위'를 표시하는 말, 즉 동사는 중요할 수밖에 없다. 또한 행위는 인간사회의 가장 핵심적인 문제이다. 모든 인간이 각자 행위를 취할 수 있는 존재들이기에, 이들이 서로 조화롭게 같이 공생하기 위해서는 행위를 조절해야만 하기 때문이다.

　　가령 원시사회에서 두 인간이 닭다리 하나를 놓고 마주 앉았다고 치자. 이들이 서로 아무 말 없이 으르렁 거리며 닭다리에 달려든다면 짐

승과 다를 게 없을 것이다. 하지만 최소한 '먹어' 란 동사 한 마디라도 서로 주고받는다면, 두 원시인은 그 순간, 짐승의 세계를 넘어서서 '문명' 의 세계로 진입할 수 있을 것이다.

말하자면 다음과 같은 장면을 상상할 수 있다.

> 원시인 A: 먹어?
> 원시인 B: (동의를 나타내는 표시로 고개를 끄덕 거린다.)
> 원시인 A: (닭다리 한 쪽을 뜯어 먹은 후, 반대쪽을 상대방에게 내밀며) 먹어!
> 원시인 B: (닭다리를 받아 반대쪽을 뜯어 먹는다.)

결국 '먹어' 라는 동사 하나로 둘은 조화로운 공동체를 이룩한 셈이다.

이렇듯 원시인들의 동굴에서도 동사는 인간에게 필수적인 말로서 언어의 근간을 이룬다면, 하물며, 오늘날 가장 많은 종족의 인간이 가장 다양한 목적으로 사용하는 언어인 영어에서 동사가 다양하게 발전해 있고 동사의 활용법이 명확히 규정되어 있는 것은 당연한 일이다.

물론, 당장 반론이 나올 법하다. 가장 많이 쓰이는 영어동사는 "be" 동사가 아닌가? 이 "be" 동사 는 '행위' 를 지칭하는 게 아닌데?

하지만 그렇지 않다. 'X는 Y다' 라는 뜻을 전달하는 "be" 동사는 하나의 '판단'을 나타낸다. '내가 X는 Y라고 판단했다'는 의미이기 때문이다. 즉, "be" 동사도 판단하며 생각하는 행위를 지칭한다고 할 수 있다.

생각하는 행위를 포함해서 인간들의 온갖 활동과 행동을 나타내고 조절하는 동사는 인간의 언어에 절대적으로 중요하다. 동사를 지칭하는 영어 단어 "verb"은 '말'을 뜻하는 라틴어에서 파생된 연유가 여기에 있고, "verb"의 형용사 "verbal"은 일반적인 의미로서 '말'의 형용사로 쓰이는 이유도 여기에 있다.

인간은 언어를 쓰는 동물이며, 언어의 핵심은 동사에 있다.

Principle A-1 모든 영어 문장은 동사가 있어야 하고 동사에 따라 의미가 만들어진다.

Tutorial A-1 동사가 없는 문장은 의미를 전달하지 못한다.
가령,

> I … you. 나는 너를 …

는 아무런 의미를 전달하지 못한다. 여기에 "love, want, hate" 사랑하다, 원하다, 미워하다 같은 동사를 집어넣어 보자.

18 영작문 *Classic*

> I love you. 나는 너를 사랑해.
> I want you. 나는 너를 원해.
> I hate you. 나는 너를 미워해.

이렇게 해야 의미 있는 문장이 된다.

또한, 동사가 없다면 다른 말을 아무리 갖다 붙여도 소용이 없다. 가령,

> I really … it very much. 나는 진짜 그것을 매우 …

는 무슨 의미인지 알 수가 없으나, 이 문장에 빈자리에 "like, miss, appreciate" 좋아하다, 아쉬워하다, 고맙게 생각하다 같은 동사를 집어넣어서,

> I really like it very much. 나는 진짜 그것을 매우 좋아한다.
> I really miss it very much. 나는 진짜 그것이 무척 아쉽다.
> I really appreciate it very much. 나는 진짜 그것을 매우 고맙게 생각한다.

가 되면, 의미 있는 문장이 만들어진다.

따라서 동사를 정확히 사용할수록, 또한 동사를 많이 알수록, 영작문을 잘 할 수 있다.

Principle A-2 모든 문장은 동사가 있어야 하지만, 동사만으로 의미가 만들어지는 것은 아니다.

Tutorial A-2 영어는 우리말에 비해 의미 표현이 구체적인 '시시콜콜한' 언어이다.

우리말로,

사랑해!

는 의미 있는 표현이지만, 영어로

Love!

는 문장이 되지 못한다. 이 말이 의미를 갖으려면 동사를 구체화하는 말들을 앞뒤에 달아줘야 한다.

I love you. 나는 너를 사랑해.
Jane loves Paul. 제인은 폴을 사랑한다.
Mary loves music. 메리는 음악을 좋아한다.

이렇게 할 때 제대로 된 문장이 된다. 영어에서는 동사가 지칭하는 행위가 '누구'의 행위인지, 또한 '누구'에게 영향을 주는지, 매번 밝혀야 하는 것이다.

이러한 차이는 문법적 차이 이전에 문화적, 심리적 차이이기도 하다. 언어사용의 규칙인 문법은 언어사용자들의 의식을 반영하기 마련이다. 그래서 한국인들이 영어문장을 쓸 때 동사를 제대로 구체화하지 않고 사용하는 경우가 적지 않다. 가령,

> 내일 아침에 떠날 것이다.

는 우리말로 별 문제가 없는 문장이지만, 이 한국어 문장의 뜻을 전달한다며 영어로 그대로 옮겨서,

> Tomorrow morning will leave.

라고 하면, 뜻을 알 수 없는 문장이 된다. 따라서 귀찮지만 "leave" 동사가 지칭하는 행위가 누구의 행위인지 밝혀야 한다.

> Tomorrow morning I will leave.

또는 좀 더 자연스럽게,

> I am leaving tomorrow morning.

이라고 해야 뜻이 전달된다.

Principle A-3 어떤 문장이건, 중심이 되는 동사는 꼭 있어야 한다. 또한 단 하나의 동사만이 중심이 돼야 한다.

Tutorial A-3 한국인들은 영작문을 할 때 다음과 같은 실수를 범하는 경우가 적지 않다.

He was angry. Because nothing went right.

이 문장을 우리말로 옮겨 놓으면 별 하자가 없다.

그는 화가 났다. 왜냐하면 아무 것도 제대로 되는 게 없었기에.

그러나 영어에서는

He was angry, because nothing went right.

처럼 한 문장으로 만들거나,

He was angry. It was because nothing went right.

로 해야 한다. "Because…"는 그 전체가 어떤 동사가 지칭하는 행위를 구체화하는 보조적인 역할을 하기 때문에 "Because…"로 시작하는 절 안에 동사 "went"가 있지만, 그 전체는 동사가 없는, 따라서 틀린 문장으로 간주한다. 그래서 중심이 되는 동사, 이 경우에는 중심 동사 "was"와 함께 사용돼야 한다.

또한, 중심 동사를 한 문장에서 두 개 사용하는 경우도 가끔 본다. 예를 들어,

Each scene of the movie **is appears** poetic.

같은 문장을 학생들의 작문에서 발견한다. 이것은 먼저 "is"를 썼다가 "appears"로 바꾸려다 먼저 쳐 넣은 "is"를 지우지 않은 결과일 수도 있으나,

영화의 장면마다 하나같이 시적으로 보인다.

는 말을 전달하려다 보니 이렇게 된 것이다. 동사의 용법을 정확히 아는 것이 영작문의 기본이 되는 이유가 바로 여기에 있다. 올바른 용법은 "is"나 "appears" 둘 중 하나만을 선택하여 중심동사로 다음과 같이 쓰는 것이다.

Each scene of the movie is poetic.
Each scene of the movie **appears** poetic.

Principle A-4 모든 영어 동사에게는 '주어'가 있으나 모든 '주어'가 행위의 '주인'인 것은 아니다.

Tutorial A-4 '아니 땐 굴뚝에 연기가 날 리가 없다'는 우리말 속담처럼, 어떤 행위이건 행위의 주체와 책임자가 있기 마련이다.

동사가 지칭하는 행위는 늘 '누가' 한 것이다. 우리말 작문에서는 '주인' 표시를 안 한 동사들을 볼 수 있으나 (바로 이 문장에서처럼 "본다"는 주인이 표시가 안 돼 있다) 영어에서는 예외 없이 '누가' 무엇을 했는지 표시해야 한다. 예외가 있다면, 명령문에서 늘 "you"가 주어이기 때문에 주어 표시가 생략되는 경우, 또는 간단한 대화에서 주어가 생략되는 경우가 있으나, 나머지 모든 경우에는 주어, 즉 행위의 주체가 표시돼야 한다. 그러나 모든 주어가 행위의 주체인 것은 아니다. 일단 영어에서는 동사 앞을 빈자리로 놓아두지 않는 관례 때문에 '주어'를 갖다 놓지만 실질적으로는 이어지는 동사의 주체가 아닌 경우들이 많다.

영어에서 동사 앞에 어떤 명사를 주어로 갖다 놓는다는 사실은 누구나 숙지하고 있는 사항일 것이다. 하지만 동사 앞에 문법적인, 또는 관습적인 이유로 놓이는 주어와 동사의 주체를 혼동하거나 행위의 주체를 분명히 표시하지 않는 예들은 얼마든지 있다. "이발을 했다"는 우리말 표현은 영어로는

I had my hair cut.

으로, '머리카락을 깎는' 행위를 지칭하는 "cut"의 주체가 "I"가 아니라 다른 사람, 즉 이발사이고 "I"가 취한 행위는 이발사가 머리를 깎도록 '시킨' 것이라는 뜻으로 "I had"의 형태가 된다.

또한 문법적인 필요로 "It", "There" 등을 주어로 쓰는 경우들도 행위의 주체는 따로 있다.

> There are many problems with the plan. 이 계획은 문제가 많다.
> It seems to me that you are right. 당신이 옳은 것 같군요.

에서 "be" 동사의 주체는 "many problems"이고 "seems"의 주체는 "me"이지, "There"나 "It"는 아니다.

이와 관련해서 작문 시 유의할 점은, 의미상의 주체관계를 분명히 인식하지 않은 채 동사를 사용하는 것이다. 대개 '누구에게 무엇을 해주다' 는 뜻의 동사들을 잘못 사용하는 일들이 많다. 예를 들어,

> I informed about it. 그것에 대한 정보를 줬다.
> I told he was right. 그가 옳다고 말했다.

는 "inform", "tell"이 모두 '누구에게 (정보를) 말해주다' 는 의미이므로, 내가 말이나 정보를 전해주는 주체인지 전해 받는 객체인지를 분명히 표시해야 한다. 주체인 경우에는

I informed him about it. 그에게 그것에 대한 정보를 줬다.
I told her he was right. 그녀에게 그가 옳다고 말했다.

이 될 것이며, 객체인 경우에는

I was informed about it. 나는 그것에 대한 정보를 들었다.
I was told he was right. 그가 옳다는 얘기를 나는 들었다.

이다.

영어 문장을 쓸 때는 어떤 동사가 지칭하는 행위의 주체와 객체를 명확히 파악하는 습성을 들이는 것이 중요하다.

Principle A-5 영어에서 각 동사들이 지칭하는 행위는 문장 안에서 구체화된다.

Tutorial A-5 상식적으로 생각할 때도, 모든 행위는 어떤 상황이나 대상에 영향을 미치거나 영향을 받는다.

자기 자신에게만 미치는 행위를 했다고 해도, 행위가 행위인 것은 어떤 결과를 야기하기 때문이다. 이것은 행위의 종류에 따라 달리 표시되지만 가장 일반적으로는 '언제, 어디서, 어떤 식으로, 누구에게, 무엇을 했는가?'를 한 문장에 밝힐 것을 듣는 사람이나 읽는 사람은 기대한다. '언제, 어디서, 어떤 식으로'를 밝히는 말들은 부사나 전치사를 낀 부사구들(예를 들어, "today", "at home", "loudly", "as soon as possible" 등)로서 그 자체가 크게 어렵거나 문제될 것은 없다. 작문 시 주의할 점은 어떤 동사를 사용하는가에 따라 행위를 구체화하는 말들이 달라진다는 사실이고, 특히 '누구에게 무엇을'에 대한 정보를 표시하는 각 동사의 고유한 방법, 즉 목적어를 사용하는 경우와 그렇지 않은 경우를 분명히 구분해서 파악하는 것이다.

대개 학생들이 지은 문장을 보면 전치사를 꼭 사용해야 하는 자동사를 타동사처럼 사용하는 경우가 더 많다. 즉,

> I look at him. 그를 바라본다.

이라고 해야 할 것을,

> I looked him.

으로 쓰거나,

> I live in Seoul. 나는 서울에 산다.

이라고 해야 할 것을,

I live Seoul.

로 쓰는 실수를 범하기 쉽다. 그 이유는 꼭 관용적인 동사구 숙어가 아니더라도 특정 동사를 늘 따라다니는 전치사와 함께 동사를 외우는 버릇을 안 들였기 때문이다.

결국 문제는, 외국어로 영어를 배우면서 '하나의 영어 단어 = 하나의 한국어 단어' 라는 관념이 원인이다. 이런 생각을 버려야 한다. 특히, 대략적인 의미를 안다고 생각하는 단어가 자동사, 타동사로 둘 다 사용되며 그 때마다 의미가 조금씩 달라진다는 사실을 기억해야 한다. 이런 영어 동사들은 생각보다 많다. 간략한 예로 다음 문장들을 비교해 보자.

(a) Her daughter *grew* tall. 그녀의 딸이 키가 커졌다.

She *grew* apples at home. 그녀는 집에서 사과를 키웠다.

(b) I *pray* to God for your success. 하나님께 당신의 성공을 빌겠습니다.

I *pray* you would succeed. 당신이 성공하길 바랍니다.

(c) I *walk* to school every day. 나는 학교에 매일 걸어간다.

I *walk* my dog in the evening. 나는 저녁마다 우리 강아지를 산책시킨다.

(d) The economy *recovered* from the financial crisis. 경제가 금융 위기에서 회복했다.

The captain *recovered* the lost boat. 선장은 잃어버린 보트를 되찾았다.

(e) He *conceded* to his enemies eventually.
그는 결국 자신의 적들에게 굴복했다.

He *conceded* that he was wrong.
그는 자신이 틀렸다는 것을 시인했다.

모두 쉽고 간단한 동사들로 만들어진 문장들이나, 같은 말이 타동사로 쓰일 때와 자동사로 쓰일 때 의미가 달라진다. (a)의 "grow"는 자동사는 '자란다' 이고 타동사는 '기르다', (b)의 "pray"는 자동사는 '기도하다' 타동사는 '바란다' 정도의 의미, (c)의 "walk"는 자동사는 '걷다' 타동사는 '산책시키다', (d)의 "recover"는 자동사로는 '회복하다' 이나 타동사로는 '되찾다', (e)의 "concede"는 자동사로는 '양보/굴복하다' 이나 타동사로는 '시인하다' 는 의미이다.

결국 '한 개의 영어 단어 = 한 개의 우리말 단어' 라는 인식을 동사의 경우에는 절대로 버려야만 한다. 최소한 동사들이 자동사, 타동사로 구분되어 사용할 때 의미가 달라지는 용례는 알아야 불필요한 실수를 범하지 않을 것이다.

Principle A-6 동사가 지칭하는 행위의 시간은 동사의 형태변화로 표시될 수 있다.

Tutorial A-6 동사는 그 자체로 시간을 표시할 수 있다.

위의 Principle A-3만을 따른다면 모든 동사는 시간을 나타내는 부사구와 늘 함께 쓰여야 한다. 그러나 그렇지 않고도, 아니 그보다 더 중요한 것은 동사 자체의 형태에 시간이 분명히 표시된다는 사실이다. 일반적으로는 "-ed, -d"로 끝나면 과거이고 현재 시간은 "be + ~ing" 이거나 3인칭 단수가 아닌 경우에는 원형 그대로 쓰며, 미래는 "will/shall"에다 원형을 붙인다는 사실쯤은 대개 알고 있을 것이다. 그러나 문제는 이런 시제들이 정확히 어떤 시간을 지칭하는지를 분명히 모른다면 용법에 맞게 작문하기 어려울 것이다. 또한 불규칙적인 변화를 하는 동사들도 작문에서 틀릴 가능성은 매우 크다.

동사의 시제는 크게 단순시제와 완료시제로 나눠서 파악해야 한다. 먼저 단순시제를 설명하자. 어떤 점에서 단순 시제는 '단순' 한 시제인가? 이것은 어떤 시점에서 어떤 행위가 일어났고 그것이 지속성을 갖지 않는 '단발성' 행위를 지칭한다는 점에서 '단순' 한다. 그런 점에서는 차라리 '단발시제' 로 불러도 좋을 것이다.

단순시제는 따라서 단발성 행위를 꾸며주는 "at ···", "on ···", "in ···" 같은 부사구나 "once" 등의 부사와 함께, 또는 다른 단순시제를 포함한 형태로 시간을 말해주는 "When I was ···" 같은 절과 함께 사용된다. 예를 들면, 다음과 같다.

(a) **At that time, there was no freedom of speech.**
   그때는 언론의 자유가 없었다.

(b) **I will see you on Monday.** 월요일에 만나자.

(c) We usually go to the beach in July.
우리는 대개 7월에 해수욕을 간다.

(d) When I saw her, she was running out of the building.
그녀를 내가 봤을 때, 그녀는 막 건물에서 뛰어나오고 있었다.

상황은 다르지만, 네 문장 모두 '단발성' 행위를 지칭한다. 단순 시제가 단발성 시제라는 이 분명한 원리를 잘 모를 때 동사 시제 때문에 고생을 하기 마련이다. 이런 저런 문법책들의 잡다한 설들을 무시하고 오직 '지속성을 갖지 않는 시제가 단순시제' 라는 원리에만 매달리면 큰 어려움이 없을 것이다. 특히 작문 시 틀리지 않고 글을 써 나아갈 수 있을 것이다.

위의 예 중에서 혹시 (c)는 매년 가는 것이니 지속성이 있는 게 아니냐고 반문할지 모르지만, 그때마다 새롭게 가는 단발성 휴가이니 한번 휴가와 다음 휴가 사이에 연속성은 없다. 또한 (d)의 진행형은 '지속성을 갖는 시점' 이 아니냐고 반문할 수 있겠으나, 이것은 어떤 단절된 시점 안에서 진행되는 행위이지 그 시점을 넘어서 계속 지속성을 갖는 것은 아니다. 예문에서 여자가 계속 현재 순간까지 뛰고 있는 것은 아니다. 오직, '내가 그녀를 본' 그 순간에만 뛰고 있었을 뿐이다. 이와 마찬가지로, "from X to Y", "until X" 같은 단위를 나타내는 부사어가 등장할 때도, 계속 이어지는 지속성 행위가 아니면 단순 시제를 사용한다.

(e) I lived in New York from 1990 to 1993.
나는 1990년에서 1993년까지 뉴욕에서 살았다.

(f) They didn't shoot until their enemies attacked.
그들은 적들이 공격해 올 때 드디어 사격을 시작했다.

　(e)에서 "from 1990 to 1993"는 특정 시기를 나타낸다. 이때 뉴욕에서 거주한 행위는 당시에만 해당되는 단발성 행위이다. (f)도 적이 공격하는 시점을 "until"이 나타내기 때문에, 단발성 행위(총을 쏘는 그 순간보다 더 '단발성'인 행위가 어디 있으리!)를 지칭한다.

　단순 시제와 연관된 기타 문제들로는 3인칭 단수 현재에서 써야 하는 "-s", "has", "does", "goes" 등의 형태 변화로, 이것은 눈으로 오류를 판별할 때는 몰라도, 작문할 때는 자주 틀리기 마련이니 주의해야 할 것이다(이 문제는 아래 C-3 에서 다시 다루기로 하자). 또한 불규칙적인 변화를 하는 동사들도 활용도가 큰 동사들인 만큼 틀리는 일이 없어야 할 것이다. 특히 불규칙 변화는 연이어 설명할 완료시제를 만드는 데 꼭 알아야 하기에, 아래에 간략한 표로 정리해놓았다.

[표 A-6] 불규칙 동사변화

현재	단순과거	과거분사
be ~이다	was/were	been
bear 감당하다	bore	born
beat 치다	beat	beaten
become 되다	became	become
begin 시작하다	began	begun
bite 물다	bit	bitten

현재	단순과거	과거분사
blow 불다	blew	blown
break 깨뜨리다	broke	broken
build 짓다	built	built
choose 고르다	chose	chosen
come 오다	came	come
cut 자르다	cut	cut
do 하다	did	done
draw 그리다	drew	drawn
dream 꿈꾸다	dreamed	dreamt
drink 마시다	drank	drunk
drive 몰다	drove	driven
eat 먹다	ate	eaten
fall 떨어지다	fell	fallen
fly 날다	flew	flown
forget 잊다	forgot	forgotten
forgive 용서하다	forgave	forgiven
freeze 얼다	froze	frozen
get 얻다	got	got/gotten
grow 자라다	grew	grown
hide 숨기다	hid	hidden
know 알다	knew	known
ride 타다	rode	ridden
run 뛰다	ran	run
put 놓다	put	put
see 보다	saw	seen
shake 흔들다	shook	shaken
shrink 줄어들다	shrank	shrunk
sing 노래하다	sang	sung
speak 말하다	spoke	spoken
spread 펼치다	spread	spread
steal 훔치다	stole	stolen
swear 맹세하다	swore	sworn
swim 수영하다	swam	swum
take 손에 잡다	took	taken

현재	단순과거	과거분사
tear 찢다	tore	torn
throw 던지다	threw	thrown
wear 입다	wore	worn
weave 짜다	wove	woven
withdraw 거두다	withdrew	withdrawn
write 쓰다	wrote	written

Principle A-7 영어의 '완료 시제'는 '완료'된 행위가 아니라 지속성을 갖는 행위를 지칭한다.

Tutorial A-7 영문법의 용어 중에서 '현재완료'처럼 전혀 도움이 안 되는 명칭도 드물 것이다. '현재완료'는 현재시제와는 상관없고, 게다가 현재에는 이미 '완료'되고 끝난 행위를 지칭하는 것이 아니기 때문이다.

　과거에 벌어졌다가 '완료'되어서 현재와 상관이 없는 행위는 단순과거로 표현한다. 오히려 '현재완료'는 현재까지 완료되지 않고 지속되는 행위를 나타낼 때 사용하는 시제이다.

> We were friends at that time. 당시에 우리는 친구 사이였다.

라고 하면, 그 때는 친구 사이였으나 지금까지 그런지 여부는 알 수 없으나,

> We have been friends since then. 그때부터 줄곧 친구사이이다.

이라고 하면 지금까지 계속 친구 사이임을 분명히 밝힌 것이다. '완료'라는 개념이 비교적 적합한 것은 미래완료뿐이다. '언제까지는 다 했을, 즉 완료했을 것이다' 는 의미로,

> I would have finished it by then. 그때쯤엔 그일을 다 끝냈을 것이다.

이라고 하면 분명히 '완료'를 의미할 수는 있으나, 이것도 현재에서 미래로 계속 이어지는, 즉 '지금부터 하면 그 때까지는 끝나 있을 것이다' 라는 의미로서 '지속성'을 강조하는 시제로 보는 것이 더 정확하다.

여하튼, 일상회화나 글짓기에서 가장 많이 쓰이는 완료 시제는 '현재완료'(have + 과거분사)이고, 이 시제는 현재시점에서 볼 때 '완료'가 아닌 과거의 한 시점에서 현재까지의 '지속적 행위'를 지칭하는 것임을 분명히 인식해야 할 것이다.

반면에 현재완료의 과거형(had + 과거분사)은 과거의 특정 시점까지의 지속성을 갖는 행위를 지칭한다. 따라서 과거의 시점까지 이어지는 더 이전부터 있었던 행위를 나타낸다는 점에서 '대과거'로, 단순과거보다 더 강하게 이미 완료되고 단절된 행위를 지칭할 때 쓰인다.

다음 문장들을 비교하며 소위 '완료 시제'를 정리해 보자.

> (a) This country *was* relatively poor fifty years ago.
> 이 나라는 50년 전에는 비교적 가난한 편이었다.

This country *has grown* into a fairly affluent country in this century. 금세기에 들어와 이 나라는 제법 부유한 나라로 발전했다.

(b) I *will make* him aware of his faults tomorrow.
내일 그가 잘못 한 점을 인식하도록 해 줄 것이다.

He *will have been* told the result by next week.
다음 주쯤에는 결과를 알게 될 거야.

(c) She *lived* near my house when I was a kid.
내가 어린 아이일 때 그녀는 우리 집 근처에 살았다.

Her family *had lived* there for more than ten years.
그녀의 가족은 그곳에서 십년 넘게 살았었다.

(a)에서 먼저 쓰인 단순 시제는 "fifty years ago"라는 과거의 한 시점에서의 상황을 지칭하는 반면, '완료' 시제는 "in this century"라는 지속적인 단위에서 계속 이어진 행위를 지칭한다. 이처럼 단순 과거를 쓸 것인가 '현재완료'를 쓸 것인가를 정할 때는 행위의 연속성이 가장 큰 기준이 된다. 특히, "for …", "since …", "always" 등을 사용할 때는 늘 완료 시제를 사용한다. 즉,

I've been a great supporter of the Democratic Party for more than ten years. 나는 민주당을 십년 넘게 열렬히 지지하고 있다.

I've been a great supporter of the Democratic Party since 1990. 나는 1990년부터 민주당을 열렬히 지지해왔다.

I've always been a great supporter of the Democratic Party. 나는 늘 민주당을 열렬히 지지해왔다.

반면에,

> I used to be a great supporter of the Democratic Party from 1990 to 2000.
> 나는 1990년에서 2000년까지는 민주당을 열렬히 지지했었다.
>
> I was a great supporter of the Democratic Party ten years go. 나는 10년 전에는 민주당을 열렬히 지지했었다.

라고 하면, '하지만 현재는 그렇지 않다' 라는 의미를 함축한다.

따라서 다음과 같은 용법들은 모두 잘못 쓴 것들이다.

> (d) I have known him ten years ago. 십년 전에 그를 알아왔다.
>
> (e) They have helped each other in 1984.
> 그들은 1984년에는 서로를 도와왔다.
>
> (f) She once has been married. 그녀는 한때 결혼한 상태이다.

이것을 고치려면 (d)는 "have known"을 "knew"로 (e)는 "have helped"를 "helped"로 (f)는 "has been"을 "was"로 바꾸면 된다. 그렇지 않고 이 '완료' 시제들을 살리려면 과거완료로 바꿔주면 된다. 왜냐하면 "ago", "last year", "once" 등이 지목하는 과거의 한 단절된 시점까지 이어진 더 이전부터의 지속적인 행위를 말해주는 시제로 변화시키면 의미가 적절하게 전달될 수 있기 때문이다. (d)는

> I had known him ten years ago. 십년 전에 그를 알았었다.

로 하면, '10년 전'이라는 시점이전부터 그 때까지 알고 있었다는 말이 된다. (e)는

> They had helped each other in 1984.
> 그들은 1984년에는 서로를 도왔었다.

로 바꾸면 '1984년 무렵' 서로 돕는 사이였으나 그것이 어떤 시점까지만 이어진 것이라는 말이 된다.

마찬가지로, (f)는

> She once had been married.

이라고 하면

> She once had been married, but she got divorced after two years. 그녀는 한때는 결혼했었지만, 2년 후에 이혼했다.

처럼, 과거 한 시점까지만 이어지는 지속성을 나타내는 말이 된다.

미래 완료는 지속성을 의미한다는 점에서는 '완료시제'에 포함되지만, '현재완료'나 과거완료처럼 이미 일어난 행위를 표현하는 장치가 아니라 아직 일어나지 않은 가상과 가정을 나타내는 말이므로, 아래의 A-8에서 다루는 조동사 문제와 관련이 더 깊다.

`Principle A-8` 동사가 혼자 쓰일 때는 일어났거나 일어나고 있는 행위를 지칭하지만, 실제로 일어나지 않은 행위를 지칭할 수도 있다. 이 때 동사는 조동사와 함께 쓰인다.

`Tutorial A-8` 사람은 말에 대한 책임을 져야 하지만 한계가 많은 존재인 인간들이 늘 말에 대한 책임을 완벽하게 질 수는 없는 노릇이다.

미래를 훤히 내다보며 벌어질 행위들을 단정적으로 진술한 후 거기에 대해서 책임질 수 있는 인간은 아무도 없다. 또한 각종 희망 사항이나 가능성, 사실 여부를 모르는 상태에서 추측한 것을 모두 책임지기는 더욱 어렵다. 이런 '책임질 수 없는' 가상의 행위를 표현할 때 각종 조동사(auxiliary)가 동원되는데, 영어의 조동사는 다른 유럽어에 비해 매우 발달해 있는 형편이다. 그 이유는 근대 민주주의와 시장경제를 일찍이 구축한 영국이 근대 법, 특히 상법이나 민법상의 분쟁이나 소송이 매우 빈번했고, 이때 어떤 행위가 실제로 일어난 것인지, 또한 행위의 책임 소재가 어디까지인지를 따져야 했기 때문이다. 가령, 꾸어 준 돈을 못 받은 사람이 법정에서 시비를 가리고자 할 때, 상대방이 나한테 돈을 꼭 갚겠다고 했는지, 갚을 수도 있다고 했는지, 갚기를 원한다고 했는지, 그 발언이나 각서의 문장에 따라 손해배상 내용이 달라질 것이다.

아무튼, 조동사들은 모두 가정과 가상의 행위를 지칭하는 데 동원되지만, 그 가정의 정도는 같지 않다. 일반적으로 조동사의 현재 시제(will, can, may)는 과거 시제(would, could, might)보다 더 자신있는 가상의 행위를 지칭한다. 미래 시제도 이러한 조동사에 의한 가상의 행위 표시로 볼 수 있다. 그러나 가장 자신있는 가정이나 가상도 사실성을 단정하기 위해 조동사 없이 동사만을 사용할 경우보다는 약하다. 사실성의 강도가 높은 순서로 이를 예시하면 아래와 같다.

> He is right. 그는 옳다.
> He must be right. 그는 옳을 것이다.
> He should be/ought to be right. 그는 옳지 않은가 생각한다.
> He can be/may be right. 그는 옳을 수 있다.
> He could be/might be right. 그가 옳을 수도 있긴 하겠다.

물론 시제 일치를 위해서 조동사의 과거형을 쓰는 경우는 사실성의 강도와는 상관이 없다. 예를 들어,

> They could defend themselves well, because they built strong fortresses. 그들은 든든한 요새를 구축했으므로 방어를 잘 할 수 있었다.

는 실제로 방어를 했다는 확고한 역사적 사실을 진술하는 문장이다.

각 조동사에 의한 사실성 유보 내지는 조절의 방식은 아래 표 A-8 참조하라. 또한 가정을 나타내는 접속어, "if, when, supposing, assuming" 등에 의한 절의 연결은 아래 B-3 에서 좀 더 논할 것이다.

[표 A-8] 조동사

사실성의 강도	예시문
강한 추측	I'm sure he must be right, since he was at the meeting. 그는 회의에 참석했었으니 그의 말이 옳다고 믿어.
덜 강한 추측	He should be/ought to be right, since he was at the meeting. 그는 회의에 참석했었으니 그의 말이 옳겠지.
강한 가능성	We can win the game, because we've practiced a lot. 우리는 연습을 많이 했으니 시합에서 이길 수 있어.
중립적 가능성	We may win the game, but we may also lose. 시합에서 우리가 이길 수도 있겠지만, 질 수도 있어.
약한 가능성	We might (could) win the game, if we had a different coach. 코치가 다른 사람이었다면 우리가 시합을 이길 수도 있었을 텐데.
강한 의지	I will not go to the meeting. 나는 회의에 안 갈 거야. I shall have him apologize to you. 그가 너한테 사과하도록 시킬 게.
상대방의 의지 타진	Shall we go now? 이제 우리 갈까요?
약한 의지	I would rather be going now. 이제 그만 갔으면 해요.
강한 의무	We have to (must, should, ought to) take this seriously. 이것을 심각하게 받아들여야만 해.
강한 가정	If you see the film, you will agree with me. 영화를 보고 나면, 나랑 동의할 거야.
미래완료	Don't worry, I would have finished it by then. 걱정 마, 그때쯤엔 내가 이 일을 다 끝냈을 테니.
반대조건의 가정	If you had listened to me, you would have been better off. 내 말을 들었더라면, 지금보다 처지가 나아졌을 거야.
정반대의 가정	If I were you, I wouldn't worry about that. 내가 너라면, 그런 걱정은 안 하겠다.

B
동사의 변형과 연결

Principle B-1 동사는 문장의 기본이 될 뿐 아니라, 그 형태가 변화되어 다른 동사의 의미를 구체화한다.

Tutorial B-1 동사는 행위를 지칭하기 때문에 동사의 변형된 형태는 해당 행위와 늘 연관되는 명사들을 꾸미는 말로 사용될 수 있다.

외래어로 들어와서 보편화되고 있는 "running machine"(러닝머신) 같은 말이 좋은 예이다. 이 때 유의할 점은 변형된 동사들도 여전히 동사의 몫을 하고 있다는 사실이다. 즉, 그것은 행위를 지칭하고 있기에 누가 행위의 주체이며 누가 그 행위의 영향을 받는 대상인지를 표시해 줘야 한다. "running machine"은 기계가 뛰는 것이 아니고 뛰는 행위자는 따로 있다. "advertising agency"(광고회사)는 광고라는 행위의 대리자를 지칭한다. 반면에, "advertised product"(광고가 되는 상품)에서 "product"는 주체가 아니라 동사의 영향을 받은 대상이다. 일반적으로는 "~ing", 즉 현재분사의 형태로 사용되는 동사의 변화형은 능동적인 의미이고 "~ed", 즉 과거분사 형태로 사용될 때는 수동적인 의미이기는 하나, "running machine", "cooking pot" (조리 냄비), "dining hall" (식당) 등 "~ing"를 써도 주체적인 의미가 아니라 공간적, 도구적 의미인 경우도 있다.

형용사처럼 명사 앞에 붙어서 사용되는 동사의 분사들은 작문을 할 때 부주의하면 틀리기 쉽다. 가장 흔히 발견되는 실수는,

> I was interesting. 나는 관심을 느꼈다.
> It was an interested movie. 그것은 흥미로운 영화였다.

처럼, 부주의하거나 아니면 변형된 동사의 원래 뜻을 정확히 몰라서 변형된 동사의 주체를 혼동하는 경우들이다. 위의 예에서 "interest"는 '관심을 갖게 하다' 이지 '관심을 갖다' 가 아니므로,

> I was interested.
> It was an interesting movie.

이 옳다. 이와 유사한 문제를 야기하는 동사들은, "attract"(관심을 끌다), "fascinate"(매혹하다), "captivate"(사로잡다), "repel"(쫓아버리다),

"compel"(강제하다) 등으로, 앞에 오는 주어는 이들 동사들이 지칭하는 행위의 대상이지 주체가 아니다.

변형된 동사도 여전히 동사로서의 기본적인 조건들, 즉 행위의 주체, 객체, 정황을 구체화하는 문제가 늘 따라다닌다는 점을 잊지 말아야 할 것이다.

Principle B-2 동사의 변형된 형태는 다른 동사가 지칭하는 행위의 대상이 될 수 있다.

Tutorial B-2 동사가 지칭하는 행위는 다른 행위에 대한 행위일 수가 있다.

예를 들어, 누가 '어떤 일을 하게 하는' 것이나 '못 하게 하는 것'을 표현할 때, 동사의 변형된 형태는 다른 동사의 목적어 자리에 가게 될 것이다. 문제는 영어에서 이처럼 동사의 목적어가 되는 동사의 변형된 형태는 '-하기'의 의미로서 동명사 "~ing"와 "to + 동사 원형", 두 가지로 쓰이며 게다가 그것이 특별한 원리에 의한 것이 아니라 관습적으로 구분된다는 데 있다. 또한 두 용법 모두 동사의 일반적인 특성인 행위의 주체, 객체 표시를 하기 때문에 정확한 용법을 알아두는 게 필요하다.

다음의 예문들을 보자.

(a) He's expecting to win support at the meeting.
    그는 다음 회의 때는 지지를 얻어낼 것으로 기대하고 있다.

(b) I want you to finish it by tomorrow.
    나는 당신이 그걸 내일까지 마쳐주길 바랍니다.

(c) I don't like going out on rainy days.
    나는 비오는 날에는 외출하는 것을 싫어한다.

(d) She didn't mind his being too familiar with her.
    그녀는 그가 자신에게 너무 친근하게 구는 것을 별로 개의치 않았다.

네 경우 모두 어떤 행위에 대한 행위를 말해주는 문장들이다. (a)는 "win"이라는 행위를 "expect"하는 행위를 표시하며, (b)는 "finish"라는 행위를 "want"하는 행위, (c)는 "go"에 대해 "like"하는 행위, (d)는 "be familiar"에 대해 "mind"하는 행위를 표시한다. 그러면 왜 어떤 때는 'to + 동사원형'을 쓰고 어떤 때는 '동사원형 + ~ing'를 쓰는가? 이것은 순전히 관례이니 무슨 원칙을 제시할 수 없다. 다른 유럽어라면 동사의 원형 한 가지로 통일돼 있을 용법이, 워낙 다양한 언어들이 뒤섞인 잡종 언어인 영어에서는 이렇듯 "~ing"와 "to + 원형" 둘로, 별 원칙도 없이, 나뉘어져 있다. 그러니 별 수 없이, 아래 [표 B-2, 'to 부정사'를 취하는 동사]를 참조하는 수밖에 없을 것이다. 이 동사들 외에 나머지 동사들은 모두 "~ing"와 함께 쓰이는 동사들로 보면 된다.

하지만 이보다 더 중요한 것은, 행위의 주체나 기타 정황을 구체화하는 것이다. (a)에서 "win"과 "expect"의 주체, (c)에서 "like"와 "go"의 주체는 같다. 반면에 (b)에서 "finish"와 "want"의 주체, (d)에서 "be familiar"와 "mind"의 주체는 다르다. 따라서 일반적인 동사의 용법에서 주체를 동사 앞에 주어로 표시하듯이 각기 "to finish"와 "being familiar" 앞에 행위의 주체를 표시한다. 다만 "to + 동사원형" 형태에서는 명사나 대명사의 일반 형태로 표시하지만 "~ing"의 경우 소유격 (his, John's)이 된다는 점에 유의해야 할 것이다. 익히 듣던 이야기 같지만 의외로 작문에서 많이 틀리는 사항이니 주의해야 할 것이다.

경우에 따라서 to 부정사 대신 to가 안나오고 바로 동사원형이 목적어 자리에 오는 동사들도 있다. 예를 들어,

> I suggest you change your lifestyle.
> 자네 생활방식을 좀 바꿔보지 그래.

처럼, '제안하다', 권하다' 는 뜻으로 쓰이는 "suggest", "propose", "recommend" 등이 주어와 별도의 주체의 행위에 대한 진술일 경우, 이렇게 원형을 그대로 써야 한다. 이 때,

> I suggest you to change …

로 하면 틀린 용법이다.

또한 "make"는 예외적으로 to 없는 원형을 목적어로 취한다. 즉,

> I made him do it. 그가 그 일을 하게 했다.

은 옳고

> I made him to do it.

은 틀리다.

[표 B-2] to 부정사를 취하는 동사

agree to ~하는 데 동의하다.	**learn to** ~하는 것을 배우다.
appear to ~하는 것처럼 보인다.	**manage to** ~어떤 일을 해내다.
arrange to ~하도록 마련하다.	**mean to** ~할 뜻이다.
ask to ~해달라고 요청하다.	**need to** ~할 필요가 있다.
claim to ~한다고 주장하다.	**offer to** ~하겠다고 제안하다.
consent to ~하는데 합의하다.	**plan to** ~할 계획을 하다.
dare to 감히 ~하다.	**prepare to** ~하려고 준비하다.
decide to ~하기로 결정하다.	**pretend to** ~하는 체하다.
deserve to 당연히 ~할 만하다.	**promise to** ~하기로 약속하다.
expect to ~할 것을 기대하다.	**refuse to** ~하기를 거부하다.
fail to ~하는 데 실패하다.	**seem to** ~처럼 보이다.
forget to ~하는 것을 잊다.	**tend to** ~하는 경향이 있다.
hesitate to ~하는 것을 주저하다.	**threaten to** ~하겠다고 협박하다.
hope to ~하기를 바란다.	**wait to** ~하려고 기다리다.
intend to ~할 의도가 있다.	**want to** ~하고 싶다.

Principle B-3 한 문장 안에 등장하는 여러 동사들은 행위의 주체를 분명히 하여 관계를 정리해줘야 한다.

Tutorial B-3 대개 실제 말이나 글에서는, 'A는 B를 했다'는 진술(내지는 단문)을 계속 이어가는 것이 아니라 이런 진술들을 서로 연결시켜서, 'A를 하던 B가 C에게 D를 시켰다'는 식의 형태가 일반적이다.

이처럼 1주체-1행위의 진술들을 여러 개 연결하는 방법 중에는 위의 B-2에서 다룬 to 부정사(to + 동사원형)와 동명사(~ing) 용법이 포함된다. 말하자면 이 두 가지 형태를 통해 1주체-2행위, 즉,

> I want to walk. 나는 걷고 싶다.
> He enjoys swimming. 그는 수영을 즐긴다.

처럼 각기 한 주체의 두 개의 행위("want" / "to walk", "enjoy" / "swimming")를 나타낼 수 있다.

또는, 2주체-2행위, 즉,

> I want you to call me. 나한테 전화 좀 해 줘.
> She hates his speaking loud. 그녀는 그가 큰 소리로 말하는 걸 싫어한다.

처럼, "want"의 주체는 "I", "to call"의 주체는 "you", "hate"의 주체는 "She", "speaking"의 주체는 "he"로 구분해서 표시된다.

그밖에도, B-1에서 다룬 "~ing" 형태도 여러 행위를 다양한 방식으

로 연결하는 데 동원될 수 있다. 예를 들어,

> Walking home, I met an old friend of mine.
> 집으로 걸어가던 중, 옛 친구를 만났다.

는 1주체-2행위이나, 한 가지 행위("walk")는 다른 행위("meet")의 대상이 아니라 정황이 된다. 이때 "~ing"는 동사의 목적어로 사용되는 "~ing"와 달리 완전히 '~하기'란 의미의 명사로 굳어진 동사가 아니라 '하고 있는'의 과정이 살아있는 용법이란 점에서 흔히들 '현재분사'라고 부른다.

이와 같은 분사에 의한 연결에 있어 주의할 점은 무엇인가. 어느 문법책이건 늘 설명하듯, '현재분사' "~ing"는 능동적인 의미이고 과거분사 "~ed"는 수동적인 의미이다. 그런데 작문 시에 유념할 사항은, 현재 분사 ~ing이건 과거분사 ~ed이건 문장의 중심이 되는 동사 즉 행위와 주체가 같아야 한다는 것이다. 예를 들어,

> (a) Walking to the office, he saw a man with a gun.
> 사무실로 걸어가는 중 그는 총을 든 남자를 봤다.
>
> (b) Disappointed by the announcement, the investors began to sell their stocks.
> 발표에 실망해서 투자자들은 주식을 팔기 시작했다.

에서 (a)의 "walk"라는 행위의 주체는 중심적 행위 "saw"의 주체

"he"와 같으며, (b)의 "disappoint"라는 행위를 겪은 주체 역시 "began to sell"의 주체인 "investors"와 같아야 한다. 분사구문을 쓸 때는 이처럼 '1주체 다(多) 행위'의 원칙을 지켜야 하는데, 이런 원칙을 어긴 것을 흔히 "dangling modifier"라고 하며, 작문에서 틀리기 쉬운 오류이다.

예를 들어,

> (a) **Walking to the office, there was a man with a gun.**
> 사무실로 걸어가던 중, 총을 든 사람이 있었다.
>
> (b) **Disappointed by the announcement, many stocks were offered for sale.** 발표에 실망하여, 주식이 다수 매물로 나왔다.

는 "walk"의 주체와 "was"의 주어가 다르고, "disappointed"의 주체와 "were offered"의 주어가 다르므로 틀린 문장들이다.

이 밖에 많이 사용되는 분사구문인 "by ~ing"(~하므로)도 마찬가지로 '1주체 다 행위' 원칙이 적용돼야 한다. 가령,

> **By opening new markets, the corporation could boost its sales.** 새로운 시장을 개척하므로, 회사는 판매를 늘릴 수 있었다.

에서 "open"과 "boost"의 주체는 "the corporation"이다.

물론 모든 원칙에는 예외가 없을 수 없다. 문어체 표현으로, 분사의 주어를 별도로 표시하는 경우가 있기 때문이다. 예를 들어,

> The dinner being ready, we moved to the dining hall.
> 식사가 준비되자, 우리는 식당으로 이동했다.

이 예외이나, 이런 예외를 외우는 것이 급선무가 아니라 원칙을 숙지하는 것이 더 시급하다.

Principle B-4 관계 대명사 사용시 행위의 주-객 관계를 분명히 해야 한다.

Tutorial B-4 관계대명사를 통해서 한 진술을 다른 진술에 연결할 수 있고, 이 때 연결의 방식은 사뭇 다양하다.

예를 들어,

> A man who was walking home, which was near a supermarket, met a woman whose brother he taught at the school where he once had worked.
> 집으로 걸어 가던 한 남자가, 그의 집은 슈퍼마켓에 가까이 있었는데, 그가 한 때 일했었던 학교에서 가르쳤던 남자의 여동생을 만났다.

처럼, "walk", "be near", "meet", "teach", "work" 등의 행위가 다른 주체들과 맞물려 자유롭게 연결되는 것이 관계대명사/관계부사

의 큰 이점인 것이다. 따라서 이러한 관계대명사/관계부사를 적절히 사용하면 영작문을 효율적이며 유려하게 할 수 있는 반면, 영어를 독해하거나 번역할 때는 늘 거추장스런 걸림돌이 되곤 한다. 그것은 관계대명사/관계부사가 우리말 구문에서는 전혀 없는 품사이기에, 기본적으로 생소하기 때문이다.

관계 대명사를 사용해 단문을 연결하는 방법은 장황하게 설명할 수도 있으나 작문 시에 유의할 점만을 다루기로 하자. 그러나 이때도 같은 원리가 적용된다. 즉, 동사를 쓸 때 늘 조심해야 할 기본 사항들을 이 경우에도 주의해야 한다.

관계대명사를 사용할 때 한국인들이 실수하는 유형을 정리하면 다음의 세 가지로 압축된다는 것을 경험상 확인할 수 있었다.

(가) 관계대명사를 사용해서 행위의 주체를 정리해 주지 못한 채 단문을 잇는 경우

(나) 관계대명사를 사용하느라 중심동사를 안 쓴 채 문장을 마치는 경우

(다) 행위(동사)의 주–객 관계를 분명히 하지 않고 관계대명사를 사용하는 경우

이상의 예를 하나씩 든다면,

(a) **The leaders of the world must stop the environmental pollution is becoming serious day by day.**
전세계의 지도자들은 날로 심각해지는 환경오염을 막아야 한다.

(b) The announcement by the Foreign Minister who was recently attacked by the opposition party following the blunders he made in the United Nations.
국제연합에서 범한 실수 이후의 야당의 공세를 최근에 받은 바 있는 외무장관의 발표.

(c) He wanted to change the way which business was done by big corporations.
그는 대기업이 사업을 하는 방식을 바꾸길 원했다.

(a)는 (가)의 예로, 실제 학생들의 작문에서 자주 만나는 실수이다. 물론 관계대명사를 생략할 수 있는 경우가 있기는 하다. 즉, 목적격 관계대명사를 생략하고, 예를 들어,

That's the man whom I mentioned.
저 사람이 내가 말한 그 사람이야.

대신에

That's the man I mentioned.

라고 할 수 있다. 하지만 이것은 특별한 예외이고 나머지 모든 경우에는 관계대명사를 써야 한다. 올바른 형태는 "pollution which is"이다.

(b)는 (a)보다 '한 차원 높은' 실수이기는 하나 실수이기는 마찬가지이다. "the announcement was made"로 썼어야 한다. 이렇듯 아무리 잘 쓴 문장이라고 해도 늘 중심동사가 있는지를 점검하는 버릇을 들

여야 한다. 이것은 접속사를 쓰는 연결(Because … Although … , If …)에서도 마찬가지로 주의할 점이다.

(c)는 가장 '고차원적인' 실수로, 특히 "in which"나 "whose"의 주객 관계를 명확히 하지 못하는 경우가 적지 않다. (c)의 올바른 형태는 "the way in which"가 돼야 하는데, 그 이유는 "business is done in this way"라는 뜻의 진술(단문)을 연결한 것이기 때문이다. 또한 "whose"를 써야 할 자리에 대개 "which"나 "that"을 쓰는 경우도 적지 않다. 가령,

> He was talking about his aunt which property was supposed to be huge.
> 그는 재산이 상당하다고 알려진 자기 이모에 대한 얘기를 하고 있었다.

같은 문장이 그런 예이다(올바른 형태는 "his aunt whose property"이어야 한다).

Principle B-5 작문에서 단문을 연결할 때 "and"를 사용한 '느슨한 연결'은 피하는 것이 좋다.

Tutorial B-5 논리를 명확히 하기 위해 가능한한 "and"를 피해보자. 한 문장에서 행위/동사를 연결하는 방식은

(a) **He said that X was Y.** 그는 X가 Y라고 말했다.

같이, "that X was Y" 같은 절 즉 하나의 진술을 동사가 목적어로 취하는 경우가 있다.

또는,

(b) **He did X and then he went to Y and Y was Z.**
그는 X를 한 다음에 Y로 갔는데, Y는 Z였다.

식으로 "and"를 사용해서 진술들을 계속 접붙이는 느슨한 연결도 가능한 방법이다.

반면에, 좀 더 진전된 논리적 연결을 시도할 때는 "and" 대신 다른 말들을 사용할 것이다. 가령,

(c) **He did X, because he went to Y, although Y was Z.**
그는 X를 했는데, 왜냐하면 Y에 갔기 때문이다, 비록 Y가 Z였지만.

가 있다. 이 모든 경우들에 있어 적어도 동사의 주체-객체 관계만 뚜렷이 드러난다면, 그 자체로서 문법적으로는 문제될 것이 없다.

하지만 작문의 세계는 단순히 기본 문법에 맞는 문장을 쓰는 것 뿐만 아니라, 가능한 한 정확하고 논리적이며 효율적인 문장을 요구한

다. 따라서,

(b) He did X and then he went to Y and Y was Z.

같은 문장은 일상적인 회화에서는 몰라도 정식 작문에서는 적합하지 않다. 세 가지 행위, 즉 "He did X", "he went to Y", "Y was Z" 간의 논리적 관계가 전혀 드러나지 않기 때문이다. 이렇듯 막연하게 "and"로만 행위를 연결하는 일은 가급적 작문에서는 피하는 것이 좋다.

가령, 다음과 같은 진술들을 연결해 한 문장으로 만들어 보자.

John got up early. 존은 일찍 일어났다.
He went to school. 그는 학교에 갔다.
It was Monday. 그 날은 월요일이었다.

"and"를 사용한 '느슨한 연결'을 한다면,

John got up early and he went to school and it was Monday. 존은 일찍 일어났고 학교에 갔고 그리고 그날은 월요일이었다.

여기서 약간의 논리성을 표현해보자. 먼저 "It was Monday"를 주체의 행위의 이유로 제시한다면,

> John got up early and he went to school because it was Monday.
> 존은 일찍 일어났고 학교에 갔는데 왜냐하면 그날이 월요일이었기 때문이다.

이 될 것이다. 첫 번째 문장보다는 행위의 논리성이 좀 더 분명해졌다. 여기서 한 걸음 더 나아가 "went to school"을 "get up"이란 행위의 '목적'으로 표시해보자.

> John got up early to go to school because it was Monday.
> 존은 학교에 가기 위해 일찍 일어났는데 왜냐하면 그날이 월요일이었기 때문이다.

이렇듯 영작문(뿐만 아니라 우리말 작문에서도!)에서 문장을 만들 때는 가능한 한 논리적인 관계를 명확히 하도록 노력해야 할 것이다.

C 명사

Principle C-1   명사가 지칭하는 대상의 구체성의 정도는 관사(a, the)로 표시한다.

Tutorial C-1   동사에 있어서 가장 주의해야 할 문제가 동사가 지칭하는 행위의 주체, 시간, 공간 등 행위를 구체화하는 표시들이라면, 명사에 있어서는 어떤 명사가 얼마나 구체적인 대상을 지칭하는가가 가장 중요한 문제이다.

흔히 명사를 '꾸며주고' 구체화하는 것은 형용사라고 한다. 물론 그렇다. 하지만 이것은 별로 문제될 일이 없다. 어떤 형용사를 사용해서 '어떠한 물건/사람' 또는 '물건/사람이 어떠하다'고 말할 때, 그 단어를 안다면 이런 표현을 이해하거나 사용하기에 어려움이 있을 이유가 없고 우리말에서 적용되는 원리를 그대로 적용하면 될 것이다. 그러나 형용사가 등장하기 이전에 이미 명사 그 자체에 늘 따라다니는 구체성의 표시, 즉 관사는 한국인에게 늘 어려운 문제로 다가올 수밖에 없다.

관사는 어떤 명사의 구체성을 표시한다. 가령,

> (a) I saw *a* man running into *the* building.
> 나는 웬 사람이 그 건물로 뛰어 들어가는 것을 봤다.

에서 "a man"은 '전혀 알 수 없는 한 남자'란 의미로서 구체성이 매우 약한 반면 "the building"은 문맥의 앞 뒤 관계 상 어떤 건물인지 알 수 있는 구체적인 건물이다. 반면에,

> (b) *Man* is *a* thinking animal. 인간은 생각하는 동물이다.

에서 "man"은 구체성이 전혀 없는 가장 일반적인 차원에서의 '인간'을 뜻한다. 따라서 (b)의 "man"처럼 관사가 쓰이지 않을 때도 구체성의 정도는 표시된 셈이다. "a thinking animal"은 '생각하는 동물'이긴 한데 구체적으로 어떤 생각을 어떻게 하는지에 대해서는 별로 밝히고 있지 않은 표현이다.

또한 관사를 대신하는 소유격 대명사, 예컨대

(c) **He lost *his* wallet.** 그는 지갑을 잃어버렸다.

에서 "his wallets"의 "his"는 이 지갑이 어떤 지갑인지를 명확히 밝히고 있으므로, 구체성을 표시하는 관사의 기능을 대신하고 있다.

관사가 쓰이지 않은 경우, 무관사 복수형도 구체성을 표시하는 관사의 기능을 대신한다. 가령,

(d) **She likes *oranges*.** 그녀는 오렌지를 좋아한다.

에서 "oranges"는 눈앞에 있는 특정 오렌지가 아니라 '일반적인 의미에서의 오렌지' 란 의미이다. 복수형 표시가 관사가 하는 기능을 하고 있는 것이다.

관사를 잘 사용하려면 관사를 구체성의 표시로 이해해야 한다. 일반적으로 모든 명사는 앞에 형용사가 오건 안 오건 상관없이 일단 관사를 통해 (관사를 직접 달거나 생략하므로) 명사의 구체성을 표시한다. 관사에 대한 다른 어떤 설명도 도움이 되지 않는다.

영어 관사는 다음과 같은 식으로 그 구체성의 강도에 따라 각 관사의 용법을 이해하면 제일 간편하다.

(e) *Life* is short and *time* flies quickly.
인생은 짧고 시간은 빨리 지나간다.

(f) She lived *a* dramatic life. 그녀는 극적인 삶을 살았다.

(g) Older *people* have trouble coping with new *challenges*.
나이 든 이들은 새로운 도전에 대응하는데 어려움을 겪는다.

(h) *The* life you have is *a* gift from God.
당신이 누리는 생명은 하나님의 선물이다.

(i) She made good use of *her* life.
그녀는 자신의 인생을 유익하게 보냈다.

(j) That woman over there is *the* person I was talking about. 저기 있는 저 여자가 바로 내가 얘기하던 그 사람이야.

명사를 관사없이 단수 또는 복수형으로 사용하는 것은 —(e)의 "life"와 "time", (g)의 "challenges" —가장 구체성이 적은 용법이다. 둘 중에서는 복수형보다는 관사 없는 단수형이 더 추상적인 것으로, (e)의 "life"와 "time"은 '인생이란', '시간이란' 정도의 매우 포괄적인 의미이다. 관사 없는 명사보다 좀 더 구체성을 띠는 것은 부정관사 "a/an"을 쓰는 경우로, (f)에서처럼 형용사가 "life"를 구체화시켜 줬기 때문에 "a dramatic life"가 된 것이고 (h)의 "gift"도 "from God"이라는 의미로 구체화되면서 "a gift"로 표시됐다. 하지만 (f)를

She lived *the* dramatic life.

라고 하기에는 구체성이 충분치가 않다. 예를 들어,

> She lived *the* dramatic life of *a* great actress.
> 그녀는 훌륭한 여배우로서 극적인 삶을 살았다.

로 구체화를 더 진행시켰다면 정관사 "the"를 쓸 수 있을 것이나 (f)의 문장만 보면 부정관사 "a"가 적합하다. (g)의 "challenges"처럼 관사 없이 복수형으로 사용할 경우의 구체성도 부정관사를 사용할 때와 같은 급이다. 부정관사가 '여러 개 중 하나' 정도의 구체성이라면 관사 없는 복수형은 '하나를 포함한 여러 개' 라는 집합 개념이기 때문이다.

정관사 "the"는 '여러 개 중 하나' 가 아니라 특정 대상 하나를 지목하는 최고의 구체성을 표시한다. (h)의 "The life you have"의 "life" 앞에 "the"가 온 이유는 이것이 (e)의 관사 없이 등장한 "life"나 (f)의 부정관사와 등장한 "life"와는 달리 구체적인 한 개의 삶, 즉 소중하기 이를 데 없는 내 목숨을 지칭하기 때문이다. 같은 이유로 (j)의 "the person"이 된 이유는 이어지는 관계대명사 절이 구체적으로 지목하는 바로 그 "person"을 지칭하기 때문이다.

이와 같은 관사를 통한 구체성 표시 방식을 분명히 파악했다면 응용 단계로 넘어가자. 관사 대신에 (i)처럼 소유격 대명사를 쓰는 것이 더 좋은 경우도 찾아볼 수 있을 것이다. 이것은 주로,

> I had *my* hair cut. 이발을 했다.

식으로 주로 사람의 신체의 일부나 (i)의

> She made good use of *her* life.

처럼 자신의 직접적인 소유(물)이거나,

> I told *my* wife that …

처럼 자신의 가족이나 친지를 목적어로 취할 때 쓰는 용법으로 그 구체성의 강도는 특정 대상을 지목하기 때문에 정관사를 사용할 때와 같다고 할 수 있다.

또한 강조의 목적으로, 우리말에서처럼, '저, 그' 등의 지시 형용사를 사용하는 (j)의 "That woman"을 쓸 경우 주의할 점은 이것이 일반적인 구체성 표시 방법이 아닌 하나의 예외적인 강조법이라는 사실이다. 즉, (j)의 일상적인 형태는

> The woman over there …

이다. "This"나 "that"은 특정 대상을 지목하는 강조의 표현들이므로 그 구체성의 강도는 정관사와 같거나 더 크다고 보면 된다. 물론 가장 구체성이 강한 명사는 오직 1개의 대상을 지칭하는 고유명사들로서 이 정도가 되면 굳이 관사가 필요하지 않으므로(원래 이름에 관사가 포함된 "The United States of America"같은 이름이 아닌 한) 관사 없이, 예를 들어,

> China imports goods from South Korea.
> 중국은 대한민국에서 상품을 수입한다.

처럼 사용한다. 가장 구체성이 적은 경우에도 관사가 안 쓰이지만 가장 구체성이 큰 경우에도 관사가 사용되지 않는 것이다. 말하자면 '극과 극'은 통한다고나 할까?

마지막으로, 관용적인 표현("a lot of"의 "lot")이나 부사구("with great difficulty"의 "difficulty") 속에 묻혀 들어가 있는 명사들은 제대로 독립적인 명사 구실을 못하기 때문에 관사 없이 사용되는데, 위의 (i)의 "make good use of"라는 동사구에 들어가 있는 "use"가 그런 경우다.

관사는 아마도 영작문에 있어서 한국인들이 가장 많이 틀리는 문법 사항이라고 해도 과언이 아니다. 그 이유는 별 도움이 안 되는 문법책들의 탓도 적지 않다. 관사는 오직 '구체성'의 문제로 생각해야만 제대로 관사를 정복할 수 있다. 다른 책에서 무슨 말을 하건 오직 '구체성'이라는 개념에만 매달리기를 바란다. 또한 관사는 작문을 통해 연마해야 한다. 적절한 맥락을 통해 구체성이 잘 조정되도록 문장을 지어보는 가운데 관사를 자연스럽게 이해할 수 있기 때문이다.

Principle C-2 대명사와 명사의 관계는 명확히 표시돼야 한다.

Tutorial C-2 영어의 대명사는 비교적 간편하나 지시관계는 주의해야 한다.

영어의 모체가 되는 언어들, 독일어, 프랑스어, 라틴어 등은 모두 명사를 성(gender)에 따라 나누고, 이에 따라 관사나 형용사, 명사의 격변화도 성에 따라 구분되기 때문에 이들 언어를 배우는 사람들로서는 보통 성가신 문제가 아니다. 독일어와 라틴어는 남성, 여성, 중성 3가지로, 그리고 프랑스어는 남성, 여성 2가지로 나뉜다. 다행히도 영어에서 'gender'는 매우 간소화돼 있다. 오늘날 남성, 여성, 중성 3성이 유일하게 남아 있는 영어의 영역은 단수 인칭 대명사로 "he, she, it" 뿐이고, "ship", "country" 등을 가끔 "she"로 받는 일도 있으나, 대체로 시적인 또는 예외적인 용법으로 머물고 있다. 일상적으로 늘 문제가 되는 것은 "he, she, it"이지만, 복수는 모두 "they"로 통일돼 있으니 영어는 이 점에 있어서는 다른 유럽어보다 매우 간편하다. 명사의 성을 표시해 주는 단수 대명사 "he, she, it" 등은 (역시 독일어나 라틴어, 프랑스어 등의 잔재인) 격변화에 의해 "his, her, its, their"('누구의'), "him, her, it, them"('누구에게/누구를'), "his, hers, theirs"('누구의 것')로 변하기는 하나, 프랑스어나 독일어에 비하면 단순하다.

따라서 작문에서 대명사의 성이 문제되는 것은 그 자체가 복잡하게 변해서가 아니라 대명사가 대신하는 명사를 명확히 표시해 줘야하는 원칙 때문이다. 다행한 것은 영어 명사들의 성은 (프랑스어나 독일어와는 달리) 그 명사가 지칭하는 대상의 상식적인 성과 일치하므로 ("ship", "country" 또는 '학교' 같은 기관을 여성으로 받는 경우가 예외이긴 하나) 큰 어려움이 있는 것은 아니다. 그래도 실제 문장에서 성을 일치시키지 않는 실수는 늘 범할 수 있으니 주의해야 한다.

명사에 있어서 가장 주의할 문제는 관사이지만 그 다음으로는 대명사이다. 예를 들면,

> (a) John had no idea what was happening to her wife, who was going through one of the greatest crises in his life.
> 존은 인생 최대의 위기 중 하나를 겪고 있는 자기 부인에게 어떤 일이 벌어지고 있는지 전혀 알지 못했다.
>
> (b) When asked how old they thought the author of the book would be, many of them said it was very old.
> 그 책의 저자가 몇 살이나 됐다고 생각하느냐는 질문을 받고, 여러 사람들이 그가 매우 나이가 많으리라고 했다.

이런 문장을 읽을 때, 바쁘게 지나가다 보면 틀린 대명사를 놓칠 수 있고, 같은 논리로 실제 작문 시에도 같은 실수를 범할 수 있다. (a)는 "his life" 대신 "her life"로 써야 하나 그만 실수를 한 것이고, (b)도 "the author"와 "the book"을 헷갈리면서 "he"(또는 "she")를 "it"로 사용한 것이다. 작은 실수들이기는 하나 이러한 대명사 오류는 문장의 의미를 큰 혼란에 빠뜨리는 주범들이니 주의해야할 것이다.

Principle C-3 명사의 수에 따라 동사 및 형용사의 종류가 결정된다.

Tutorial C-3 성의 구분과 마찬가지로 수의 구분도 영어 명사에 있어

서는 다른 유럽어보다 매우 간단한 편이나 바로 그점을 주의해야 한다.

불규칙적인 변화를 하는 명사들도 있으나("child" – "children", "fish" –"fish", "foot" – "feet", "leaf" – "leaves" 등) 대부분의 명사는 뒤에 "s"를 적절하게 붙이면 복수 표시는 끝난다("cups", "chances", "countries"). 그러나 명사에 이어서 동사를 쓸 때는, 바로 이처럼 복수 표시가 간단하므로, 복수임을 잊고 단수 동사를 사용하는 경우(특히, "has", "goes", "was" 및 기타 동사의 3인칭 단수 현재형) 또는 그 역으로 단수인데도 복수처럼 사용하는 경우(특히 "has"를 그냥 "have"로 사용하는 경우)가 자주 있다. 또한 집단을 지칭하는 명사인 경우 그 말이 전체를 한 단위로 보아 단수로 사용할 것인지, 아니면 그 집단의 복수성을 그대로 인정해 줄 것인지 헷갈릴 수 있다. 예를 들어,

(a) **The committee meets tomorrow.** 위원회는 내일 모인다.

는 위원회 전체를 하나의 단위로 본 것이고,

(b) **The crowd were rushing forward.**
군중이 앞으로 달려 나오고 있었다.

는 군중을 여럿이 모여서 복수의 주체들로 따로 행동하는 집단으로 보는 용법이다.

이와 연관된 것으로, 명사를 하나씩 셀 수 있다고 볼 때는 복수를 복

수로 봐주지만 셀 수 없는 단위로 보면 단수로 보는 문제가 있다. 예를 들어,

    (c) Water is essential to life. 물은 생명에 필수적이다.

와

    (d) Bottles of mineral water were found there.
        병에 담긴 생수가 거기에서 발견되었다.

에서 'water'가 (c)에서는 셀 수 없고, (d)에서는 셀 수 있는 형태이다.

명사의 수를 분명히 인식하려면 다른 특별한 방도가 있는 것이 아니라 사전에 나와 있는 U(uncountable)와 C(countable) 표시를 분명히 기억해 두는 수밖에 없다. 경우에 따라서는 한 명사가 두 가지로 다 쓰이므로 U와 C가 다 표시돼 있기도 하다. 이것은 일단 '상식'에 의거해 판단할 수는 있으나 (대개 '추상적'이거나 형체가 불분명한 대상들은 셀 수 없을 것이므로), 사전에 나와 있는 용례를 확인하는 것이 가장 안전하다. 따라서 작문을 위해서는 용례가 충분히 나와 있는 큰 사전을 봐야한다. 예를 들어,

    I ordered three Chinese courses
    나는 중국요리 세 가지를 주문했다.

는 좋으나

I had many Chinese foods. 나는 중국 요리를 여러 가지 먹었다.

는 명백히 틀리는 것이고,

I have only two meals today. 나는 오늘 두 끼밖에 못 먹었어.

라고 할 수 있으나,

I had two lunches. 나는 점심을 두 번 먹었어.

라고 하는 대신,

I had lunch twice.

라고 해야 좋다.

실제 작문 시에는, 그밖에 수와 관련된 다음과 같은 형용사들의 '수' 도 늘 문제가 된다. 또한 수를 표시해주는 형용사("every", "many", "much") 등이 명사와 관련해서 주의해야할 사항들이다.

many, most, both = 복수

much, each, every, none = 단수

따라서 다음과 같은 용법들은 모두 잘못 된 것들이나, 학생들의 작문에서 실제로는 심심지 않게 만나는 실수들이다.

Many books was published. 많은 책들이 출판되었다.

Most of the candidates has been to America.
대부분은 후보들은 미국에 가본 적이 있다.

Both Jane and Marry was gone. 제인과 매리가 둘 다 가고 없었다.

Much money were spent here. 여기에 돈을 많이 썼다.

Each students are given full support.
각 학생들을 전액 지원해준다.

Every one of them have been confused.
하나같이 모두 헷갈렸다.

None of the judges know the truth.
재판관 중 누구도 진실을 알지 못했다.

동사는 대략적인 의미를 안다고 안 것이 아니라 그 정확한 용법(자동사/타동사, 능동/수동 여부 등)까지 알 때 동사를 안 것이라면, 명사는 대략적인 한국어 뜻을 안다고 해도 그것을 셀 수 있는 (따라서 복수로 만들 수 있는) 단위로 취급하는지 여부까지 알 때만이 제대로 안 것이다.

D 말의 경제와 조화

Principle D-1 말의 경제를 위해 문법적으로 필요한 단어들을 생략할 수 있다.

Tutorial D-1 위의 Principles A-1에 의하면 동사는 절대적으로 중요하다. 하지만 상황에 따라서, 특히 대화에서, 굳이 반복해서 동사를 사용할 필요가 없을 때는 동사(및 주어)를 생략할 수도 있다.

예를 들면,

A: Where are you going? 어디 가는 거야?
B: Home. 집에 가.

또한, 명령문에서는 주어를 생략한다. 명령문의 동사가 지칭하는 행위의 주체는 늘 명령을 받는 사람이 되는 것이므로,

> You come here! 너 이리 왜!
> You have a good time! 너 좋은 시간 보내라!

이라고 매번 할 필요 없이, "Come here!", "Have a good time!"이라고만 한다.

그 다음으로 일반적인 것은 '말하다, 주장하다, 생각하다' 등의 의미로 쓰이는 "say, tell, think, believe, claim" 등의 동사에 이어지는 절을 이끄는 접속사 "that"을 생략한 채,

> They say the company is making profits.
> 그 회사가 순익을 내고 있다고 하더군.

로 쓰는 것도 일상 대화에서는 물론 작문 시에도 허용된다.

위의 Tutorial B-4에서 설명한 목적격 관계대명사의 생략도 작문에서 허용되는 용법이다.

세 번째로는 비교를 위해 절을 사용할 때 주어 외에 나머지를 생략하는 경우, 즉,

(a) I was worried as much as you were. 나도 너만큼 걱정했어.

(b) I was worried as much as you.

(c) It was twice as heavy as mine. 그게 내 것보다 두 배는 더 무거웠다.

에서 (a)와 (b)는

I was worried as much as you were worried.

에서 "worried"나 "were worried"를 생략한 것이고, (c)는

It was twice as heavy as mine was heavy.

에서 "was heavy"를 생략한 것이다. 이 모두 말의 경제를 위해 생략한 경우들이다.

이와 유사하게, 비교를 하며 주어를 생략하는 경우도 있다. 가령,

(c) It had greater force than at first imagined.
처음에 상상한 것보다 훨씬 더 힘이 강했다.

도 "at first we imagined"에서 "we"가 생략된 것이다. 비교를 하며 오히려 꼭 생략을 하는 것이 더 좋은 용법도 있다. 예를 들어,

(d) The more you exercise, the better.
운동을 하면할수록 더 좋아.

는

The more you exercise, the better you will be.

보다 더 유려한 문장이다.

그 밖의 말의 경제를 위한 생략으로는, 형용사의 최상급을 쓰면서,

Of all the apples, she took the largest.
거기 사과 중에서 가장 큰 것을 그녀가 가져갔다.

에서처럼 "the largest apple"에서 "apple"을 생략하는 것이 좋다.

또한, "Hence"로 시작하면서 '그래서/따라서 어떤 결과가 초래됐다'는 말을 할 때는 "Hence"와 '결과'를 나타내는 명사만 쓴다. 예를 들어,

(e) Hence the difficulty we all experience in learning English. 바로 그래서 우리 모두 영어를 배우며 이런 어려움을 겪는 것이다.

는 주절의 주어나 동사가 없어도 틀린 것이 아니고, 오히려 멋진 문장으로 간주한다. 물론

> Hence we are having the difficulty ....

라고 해도 틀릴 것은 없다.

생략은 아니지만, 말의 경제를 위해 반복을 피하고 대신 간단히 다른 말로 대신하는 것도 말의 경제성을 높이는 용법이다. 가령,

> They produce it more cheaply than we do.
> 그들은 우리보다 더 싸게 생산한다.

가,

> They produce it more cheaply than we produce it.

보다 더 좋은 문장이고, 또한

> Our way of solving conflicts between family members is different from that of the Westerners.
> 우리가 가족들간의 갈등을 해결하는 방식은 서구인들과는 다르다.

가

> Our way of solving ⋯ members is different from the way of solving ⋯ members of the Westerners

보다 더 좋은 문장이다.

이러한 비교의 상황을 만드는 표현들 그 자체가 시험문제의 대상이 되거나, 아니면 작문 시 틀리는 일들이 있으므로, 다음 표현들에서 언제 "than"을 쓰고 언제 "as"를 쓰는지 주의를 해야 할 것이다.

> than을 쓰는 경우: rather A than B, more/less A than B,
> as를 쓰는 경우: as A as B, not so much A as B

Principle D-2 말의 효과를 위해 주어와 동사의 순서를 바꿀 수 있다.

Tutorial D-2 적절한 도치는 작문을 유려하게 해준다.
동사의 행위를 구체화하는 부사가 문장이나 절 맨 앞에 나올 때 도치를 하는 경우, 예를 들어,

> Rarely do we agree with him. 우리는 그와 동의하는 법이 거의 없다.

같은 경우들이 여기에 해당된다. 또한 강조를 위해 앞에 나온 부사 때문에 이루어지는 도치는 문법에 어긋나지 않는다. 예를 들어,

> (a) I don't think he should have gone there, nor should he have spoken such foolish things.

나는 그가 거기에 가지 말았어야 한다고, 또한 그가 그렇게 바보 같은 소리를 하지 말았어야 한다고 생각해.

처럼, "nor"의 강조 효과를 살려주기 위해서는 도치를 오히려 권할 일이다.

작문에 있어서 이 보다 더 주의해야 할 사항은, 의문문을 평서문 절 안으로 집어넣을 때, 즉 '누가 뭐라고 물었다'고 할 때, 그 순서를 다시 바로 잡는 것이다. 예를 들면,

> (b) I asked him if he can help us, but he only asked me why we are always begging for help.
> 나는 그가 우리를 도울 수 있는지 물어봤지만, 그는 왜 우리는 늘 도움을 구걸하느냐고 묻기만 할 따름이었다.

이것은 원래는 아래의 두 의문문,

> Can you help us? 우리를 도와줄 수 있을까요?
> Why do you always beg for help? 왜 당신네는 늘 도움을 구걸하는가요?

을 '보도'하는 문장으로 흔히,

> (c) I asked him can he help us, but he asked me, why are we always begging for help.

로 작문하는 경우를 볼 수 있다. 이런 실수는 긴장한 상태에서 바빠 작문을 할 때 얼마든지 범할 수 있으므로 주의해야 한다.

자주 범하는 실수 중에 꼭 '도치'는 아니지만, 크게 보면 도치의 상황과 유사한 것이 관계대명사로, 자동사를 사용하는 원래 절의 일부가 앞으로 빠져나간 경우의 상황이다. 예를 들어, 아래의 두 단문,

> That is the X. 그것은 X이다.
> I have been talking about X. 나는 X에 대해 얘기하는 중이었다.

을 관계대명사를 사용해서 연결한다면,

> (d) That is the X that I have been talking about.
> 그게 내가 얘기하던 바로 그 X이다.

이 되어야 하나, 흔히,

> That is the X that I have been talking.

으로 쓰는 것을 볼 수 있는데, 그 이유는 "talking about"의 목적어가 앞으로 가면서 목적어를 직접 받지 않는 자동사 "talk"에게 이제는 목적어를 연결해 주는 전치사도 불필요해진 것처럼 생각했기 때문이다. 문제가 되는 절이 관용적인 동사구를 사용할 때는 더욱 더 많은 실수를 범한다. 예를 들어,

(e) It is something we have to pay our attention to.
그것은 우리가 주의를 기울여야만 할 사항이다.

라고 해야 옳은 것을, 그냥

It is something we have to pay our attention.

이라고 쓰는 경우가 적지 않다. 특별히 주의할 일이다.

Principle D-3 말을 대조하거나 나열할 때 같은 형태를 유지하는 것이 좋다.

Tutorial D-3 위의 D-2에서 설명한 비교의 상황에서 생략의 경제성을 예시했다면, 여기서는 정반대로 생략을 하지 않는 '균형'의 필요성을 고려해보자.

작문에 있어서 가능한 한 의사전달은 정확히 해주어야 한다. 간단한 문장이 아니라 여러 말이 같이 쓰이는 대부분의 문장에서, 듣거나 읽는 이는 문법적인 단위가 어디서 끝나는지를 파악할 수 있도록, 즉 주어가 어디까지고 동사는 어디까지이며 형용사는 어디까지인지를 분명히 해 줄 필요가 있는 것이다. 특히, 'A하고 B하며 C하는 것은 D하다' 라는 식의 나열, 또는 'E는 F를 G가 아니라 H에서 했다' 는 대조의 상황에서 같은 문법 단위, 즉 A, B, C는 같은 형태(to 부정사이면 모두

to 부정사, 동명사이면 모두 동명사), G와 H는 (예컨대 같은 "in + 명사"의 부사구로)로 통일시켜 놓아야 혼란이 오지 않을 것이다.

먼저 대조/비교의 상황을 예문으로 살펴보자.

(a) He went to school not in New York but in Baltimore.
그는 뉴욕이 아니라 볼티모어에서 학교에 다녔다.(O)
(b) He went to school not in New York but Baltimore.(X)

이 때, "not – but"으로 대조되는 두 축은 똑같이 (a)처럼 "in + 도시명"이 되는 것이 정확한 용법이다. 이것은 D-2에서 살펴본 "more/less – than"을 사용해도 마찬가지다. 예를 들어,

(c) I am less worried about buying it than about maintaining it. 그것을 사는 것보다는 유지하는 게 더 걱정이다. (O)
(d) I am less worried about buying it than maintaining it. (X)
(e) I am less worried about buying it than to maintain it. (X)

처럼 생략되는 것은 "I am worried"이지, 나란히 대조되는 핵심적인 표현은 똑같이 "about + ~ing"이어야 한다.

위의 (e)처럼 전혀 다른 형태를 쓰는 것 역시 합당치 않다. 이것은 특히 나열을 할 때 조심해야 한다. 예를 들어,

(f) To control the process and making improvement at the same time were my objectives.
과정을 조정하면서 동시에 발전을 시키는 것이 나의 목표였다. (X)

(g) To control the process and to make improvement at the same time were my objectives.(O)

(h) Controlling the process and making improvement at the same time were my objectives.(O)

에서, 주어를 구성하는 표현들은, "to control … and to make …"나 아니면 "Controlling … and making …"으로 통일돼 있어야지, (f)에서처럼 그렇지 않을 때 의사전달에 혼란을 가져올 수 있으므로(즉, 뒤의 "making"을 분사구문으로 오해할 수가 있다) 좋지 않은 용법이다.

형태의 통일에 주의해야 할 표현으로는, "and"나 "or"를 사용한 단순 나열 외에도, "either – or", "neither – nor", "not only/merely/just – but(also)" 등이 있다.

Principle D-4 문법적으로 하자가 없는 문장에서도 어휘 선택을 잘못하는 일이 없어야 한다.

Tutorial D-4 작문의 최종 단계는 어휘선택 점검이다.

외국어인 영어로 작문을 할 때 늘 주의해야할 사항은 참으로 한두 가지가 아니다. 지금까지 살펴본 A-1에서 D-3까지의 구문에 대한 규범들을 전혀 위반한 바 없다고 해도, 과연 내가 쓰는 단어를 그 의미와 용법에 정확히 맞게 사용한 것인지를 점검할 필요가 있다. 어휘선택을 잘 못 한 경우가 한 번 쓰고 지나가는 단어에 해당되면 그래도 문제가 부차적일 수 있으나, 문제의 표현이 핵심적인 개념으로 반복해서 사용할 때는 글 전체를 망가뜨리게 된다. 한 번의 실수는 눈감아줄 독자나 작문시험 채점자들도 반복적인 실수는 심각하게 받아들이기 때문이다.

이런 실수는 일단 문법적인 차원의 실수들일 수 있으므로 지금까지 다룬 모든 문법 사항들이 모두 단어 선택의 문제라고 볼 수 있다. 그 외에도 의미를 부정확하게 알고 사용하는 경우도 적지 않고, 마지막으로, 관례상 적절치 않은 단어를 사용하는 경우가 있다.

먼저 명백한 문법적인 실수들, 특히 한국 학생들의 작문에서 자주 만나는 실수들을(가장 자주 범하는 '단어 선택 실수'인 관사 오류는 예외로 하더라도) 나열하면 아래와 같다. (괄호 안에 있는 것은 올바른 용법이다.)

> A is as big than B. ("as big as") A는 B만큼 크다.
>
> We cannot help to feel angry ("help feeling")
> 우리는 화가 나지 않을 수 없다.
>
> She was born in May 15. ("on May 15")
> 그녀는 5월 15일에 태어났다.
>
> The effective of the law is questionable ("The effect of the law") 법이 효과가 있을지는 의문이다.
>
> The man have been to Europe ("has been")
> 그 사람은 유럽에 가 봤다.

with the develop of economy ("development")
경제 발전과 함께

It is above of your ability ("above your ability")
그것은 당신 능력을 벗어난다.

You can depend me. ("depend on me") 나를 믿어도 좋다.

It appears difficult task. ("appears to be a difficult task" or "appears difficult") 그것은 어려운 일로 보인다.

A more drastic measure is need. ("is needed")
보다 강력한 조치가 요청된다.

They agreed on that they will … ("agreed that")
그들은 … 하기로 합의했다.

made them to have greater strength ("made them have")
그들이 보다 큰 능력을 갖도록 해준다.

seems to have optimistic about ("seems to be")
낙관적인 것으로 보이는

a ten years of child knows ("a ten-year old child knows")
(열 살짜리 아이도 아는)

aroused us attention against ("aroused our attention")
우리의 주의를 환기시키다

recognizes the important of ("the importance of")
중요성을 인식하고

These are the reasons for fail ("for failure")
이것이 실패의 원인들이다.

　　이상은 모두 학생들의 과제물이나 답안지에서 무작위로 뽑은 실제 예들로, 한국인들이 영작문을 하며 쉽게 범할만한 실수들이다. 특히, 짧은 시간에 주어진 논제에 대해 바로 컴퓨터에 작문을 해야 하는

TOEFL iBT Writing 같은 작문 시험에서 이런 실수들을 저지를 가능성은 매우 크다. 여기에 대한 대응책은 자신이 안다고 생각하는 단어들을 사용해서 정확한 문장을 만들어 보는 습성을 기르는 것이다. 정확히 사용할 줄 모르는 단어들은 아는 것이 아니다.

문법과 상관없이 단어나 표현의 의미를 부정확하게 알고 사용한 경우들도 흔히 본다. 예를 들어, "borrow"와 "lend"를 혼동하거나, "a little/few"와 "little/few"를 혼동하는 것 등이 여기에 해당된다. 이렇게 명백하게 단어를 잘 못 쓴 경우가 아니더라도, '주변국'을 "related country"라고 하는 등, 대략적인 의미는 전달될 수 있으나 정확하지 않은 용법들이 적지 않다("neighboring country"라고 해야 한다). 관용적인 표현을 순서를 뒤집어서 쓰는 경우, 예를 들어, "pros and cons"를 "cons and pros"로 쓰는 경우도 있고, "ups and downs"도 "downs and ups"로 쓰는 경우도 본 적이 있으나 이것도 틀린 용법이다.

마지막으로, 의미 그 자체에는 문제가 없으나 말이 사용되는 사회적 환경이 서로 맞지 않는 문장을 짓는 경우가 있다. 예를 들어, 비속한 말을 비속한 줄 모르고 그대로 사용하면 어휘선택의 오류에 해당되고, 반대로 너무 전문적이거나 문어체인 단어를 일상적인 단어와 섞어 놓는 것도 (작문이라면 늘 '거창한' 단어를 사용해야 한다는 편견에 젖은!) 한국학생들이 자주 범하는 실수이다. 예를 들면,

(a) This case is a sufficient evidence of how the president is a lying asshole.
이 사례는 대통령이 거짓말하는 쌍놈이라는 것을 충분히 입증한다.

(b) I conjecture that the task will be pretty tough.
나는 이 과제가 무지 어려울 것이라고 예측한다.

 (a) 같은 문장이, 일부러 독자에게 '충격'을 주려고 쓴 것이 아니라면 "asshole"은 사용하지 않는 편이 좋을 것이다. (b)는 "I guess"라고 해야 뒤에 나오는 "pretty tough"의 일상적인(colloquial) 어조와 어울리지, "conjecture"는 너무 '고급스런' 표현이다.

 이러한 어휘선택 오류와 연관된 '오류'에는 불필요하게 단어를 많이 쓰는 경우들도 포함시킬 수 있다. 문법적인 오류에 해당되는 "more larger"처럼 비교급이 형태변화로 해결되는 짧은 형용사 앞에 "more"나 "less"을 추가로 쓰는 경우도 문제이지만, "always says it all the time"(늘 언제나 그 말을 한다)처럼 "always"이면 충분한 것을 불필요하게 "all the time"을 또 쓰는 것도 실수에 해당된다. 불필요한 반복(redundancy)을 줄이는 말의 경제성은 늘 고려해야 할 사항이다. 예를 들면 다음과 같은 표현들은 문법적으로는 하자가 없으나, 불필요하게 말을 겹쳐 썼기에 바람직하지 않은 경우들이다. (괄호 안이 올바른 용법이다).

return it back ("return") 돌려주다
judge in a fair way ("judge fairly") 공평하게 판정하다

> in recent days ("recently") 최근에
> He was tall physically. ("He was tall.") 그는 키가 컸다.
> expensive luxury ("luxury") 사치

아무리 긴 에세이라고 해도, 아니, 아무리 두꺼운 책이라고 해도, 글은 개별 문장의 단위에서 의미를 전달한다. 또한 각 문장은 그 문장을 구성하는 단어들이 얼마나 정확하고 적합한지 여부에 따라 의미 전달의 효과를 낸다.

그렇다면 결론적으로, 좋은 영어 문장이란 무엇인가? 한 마디로, 적절하고 명확한 진술을 효과적이고 경제적으로 담고 있는 문장이 좋은 문장이다. 이러한 좋은 문장을 쓸 수 있으려면 어떻게 해야 하는가? 일단 좋은 문장들을 많이 접해보고, 읽어보고, 베껴 쓰고 분석해 보는 '모방'에서 출발하는 게 좋다. 또한 지금까지 이 장에서 나열한 원리들에 대한 명확한 인식을 통해 자신이 쓴 문장을 가다듬고 교정하는 것도 좋은 문장을 만들어내는 데 필수적이다. 스스로 자신이 쓴 문장을 교정하고 윤문할 수 있는 '작문선생'의 안목을 갖출 때 드디어 좋은 영어 문장을 쓸 수 있게 될 것이다.

PART. 2

문단

- A 문단의 구성
- B 문단의 기능
- C 글의 성격과 효과

사람이 말을 할 때 한 마디만 던지고 입을 닫는 법은 대개 없다. Part 1에서 예로 든 동굴 속 원시인들의 상황으로 돌아가 보자. 닭다리 하나를 앞에 두고 마주 앉은 두 원시인은 둘 다 배가 고프다. 이 때 한 쪽이 먼저,

먹어?

라고 물어봤을 때, 반대쪽이 아무런 반응이 없다면, 둘의 '대결양상'은 해소되기 쉽지 않을 것이다. 최소한 고갯짓으로라도(이것도 '언어'의 일종이니) 반응을 해야 상황이 부드럽게 해결될 것이다.

오늘날 발전된 사회에서 말이란 항상 남을 의식하거나 남을 향해 던지는 것이기 마련이다. 세상을 등진 채 스스로 목숨을 끊는 사람들도 '유서'를 남겨 마지막 순간까지 '남'에게 말을 걸고 있지 않은가.

원시인이건, 자살을 기도하는 사람이건, 인간은 말을 던질 때는 누군가 거기에 대꾸를 할 것을 예상하고 기대한다.

말은 '대꾸'를 전제로 한 것이다. 상대방을 앞에 두고 대화를 할 때, 상대방이 대꾸가 없으면 대꾸를 이끌어내기 위해 오히려 몇 마디 말을 더 한다. 글에서도 마찬가지이다. 문장 하나만으로 글이 이루어지는 경우는 대개 없다. 특히 영어를 포함한 서양 언어에서는 더욱 더 그러

하다. 심오한 문장 하나로 깊은 뜻을 전하는 것이 동양에서는 가능할지 몰라도 서양에서는 그렇지 않다. 공자님은 진리를 한 문장에 담아 제자들에게 던져주지만, 플라톤이나 아리스토텔레스가 남긴 글들은 그야말로 너무나 말이 많다. 그 차이는 무엇보다도 서양에서 글은 사유의 과정을 보여주는 것이기 때문이다. 말하자면 수학에서 정답뿐 아니라 풀이 과정도 중요한 것과 똑같은 이치이다.

공자는 인, 의, 예, 지 같은 덕목이 중요하다는 결론을 미리 내려놓고 이를 제자들에게 전수한다. 반면에 아리스토텔레스는 사실 다 읽고 나면 별 대단한 것도 없는 결론, 가령 '극단에 치우치지 않고 균형을 잡는 게 안전하다'는 결론에 도달하는 논증 과정을 삼단논법으로 상세히 보여준다. 하지만 바로 그 과정을 아리스토텔레스가 탐구한다. 서양에서 글의 1차적 기능은 생각의 과정을 보여주거나 유도하는 것이다.

이러한 생각의 과정으로서 글의 구성단위는 문장이 아니라 문단이다. 글을 구성하는 문단에 생각의 과정을 한 단계씩, 한 문제씩 묶어놓기 때문이다. 이 사실을 숙지하는 것은 문장 차원의 '영작'에서 한걸음 더 나아가 영어로 글을 잘 써보려는 모든 사람들에게 아무리 강조해도 모자라는, 지극히 중요한 전제조건이다.

이제 문단에 대해서

A. 문단의 구성

B. 문단의 기능

C. 글의 성격과 효과

이상의 세 단계로 나누어 기초부터 차근차근 살펴보자.

A 문단의 구성

Principle A-1 글의 단위는 문단이고, 문단은 생각의 단위이다.

Tutorial A-1 문단(paragraph)의 단위를 텍스트에서 표시할 때는 첫 번째 문장을 들여 쓰고, 문단의 마지막 문장 다음에는 return 키를 쳐서 공간을 뗀다. 왜 이렇게 하는가? 그것은 그만큼 문단은 글을 구성하는 매우 결정적인 단위들이기 때문이며, 각 문단은 하나의 완결된 생각을 전개해야 하기 때문이다.

아무리 짧은 글이라도 문단이 없는 글은 없다. 다만 문단이 하나인 글이 존재할 수 있을 뿐이다. 반대로 한 문단은 한 가지 생각을 전개하는 단위이므로 몇 페이지씩 넘어가는 긴 문단은 대개 쓰지 않기 마련이다. 어떤 글을 읽거나 쓰는 과정은 각 문단의 대의와 세부 내용을 파악하고 정리해 놓는 과정이다. 여러 문단으로 되어 있는 글을 읽거나 쓰는 과정은 이 문단들에 담긴 생각들을 하나씩 연결하는 과정에 다름 아닌 것이다.

문단은 생각의 단위이다. 그런데 글로 써 놓은 문단은 누구에게 직접 말을 하는 대신 글로 생각을 전달하는 것이다. 문단이 생각의 단위이므로 한 문단은 한 가지 생각을 전달한다. 글을 쓸 때는 말로 대화할 때와 생각의 전달 방식은 다르지만 전달하는 단위는 다르지 않다. 이를 다음과 같이 예시해보자.

(a) 대화로 전달하는 생각

A: Did you know that Spielberg made a new film?

B: Who?

A: Steven Spielberg, the person who made *Schindler's List*.

B: Oh, that Spielberg. What did he make this time?

A: It's about WWII again, about American soldiers landing on Normandy.

B: Normandy, where's that?

A: It's in northern France.

B: But weren't the Americans fighting Germans?

A: Of course.

B: Well, if they were fighting Germans, how come they

went to France?
A: Come on, now. Don't you see? Germans were occupying France at that time.

A: 너 스필버그가 새 영화를 만들었다는 것 알아?
B: 누구?
A: 스티븐 스필버그, 「쉰들러스 리스트」 만든 사람 말이야.
B: 아, 그 스필버그. 이번에는 뭘 만들었대?
A: 이번에도 2차 세계대전에 대한 거야, 노르망디에 상륙하는 미군 병사들에 대한 거래.
B: 노르망디라, 거기가 어디지?
A: 북부 프랑스야.
B: 하지만 미군이 독일군하고 싸운 거 아냐?
A: 물론이지.
B: 아니, 독일군이랑 싸웠다면, 왜 프랑스로 간 거야?
A: 이것 봐, 몰라? 독일군이 그때 프랑스를 점령하고 있었잖아.

대화 (a)를 보면, "B"는 다소 '무식한' 사람으로, 상식의 수준이 높지 않다. 그래서 상대의 수준에 대화를 맞춰야 한다. 마찬가지로 글을 쓸 때는 그 글을 누가 읽을 것인가에 따라 글의 내용이 달라진다. 글 쓰는 이와 수준이 비슷한 사람이거나 더 유식한 사람에게 쓸 때와 그렇지 않은 사람일 경우가 다를 것이다.

그런데 여기서 A가 같은 내용을 B 정도 되는 독자를 염두에 두고 글을 쓴다고 가정하고, 이 대화를 글로 옮겨 놓는다면? 아마 대략 이렇게 될 것이다.

(b) 대화를 글로 바꾼 형태

Steven Spielberg, the director of *Schindler's List*, made a new film dealing with WWII once again. This time, however, he has focused on American soldiers who landed on Normandy. Normandy is the name of a region in Northern France. As France was occupied by Germans at that time, Germans were guarding the coast of Normandy. Therefore, Americans had to land on Normandy to fight the Germans.

『쉰들러 리스트』를 감독한 스티븐 스필버그는 다시 또 제 2차 세계대전을 다루는 새로운 영화를 만들었다. 그러나 이번에 그는 노르망디에 상륙한 미군 병사들에 초점을 맞췄다. 노르망디는 북부 프랑스의 한 지역의 이름이다. 프랑스가 당시에 독일군에게 점령당한 상태였기에, 독일군은 노르망디 해안을 지키고 있었다. 따라서 미군은 독일군과 싸우기 위해 노르망디에 상륙해야 했던 것이다.

(a)의 대화는 말을 듣는 사람이 눈앞에 있으므로 말뜻이 전달되고 있는지를 확인할 수 있으므로, 최소한의 필요한 말만 하면 된다. 하지만 글을 쓸 때는 글을 읽는 독자가 누구인지, 어떻게 받아들일지를 전혀 알 수 없다. 따라서 가능한 한 생각이 정확히 전달되도록 하기 위해서 (b)에서는 (a)에서 안 쓰는 구문("the director of …"를 삽입한다든지 하는)이나 표현("however, focused, region, therefore …")들을 집어넣거나 보충 정보("guarding the coast of" 등)를 넣어서 각 문장의 정보 전달 역량을 극대화하게 된다.

그런데 이렇게 해 놓았어도 (b)를 하나의 생각을 전개하는 단위로, 즉 하나의 문단으로 보면 어딘가 혼란스럽다. 왜냐하면 (a)의 대화에서 보면, 원래 스필버그 감독의 새 영화 이야기를 하려다가, "B"가 노르망디나 2차 세계대전의 상황을 잘 모르기 때문에 그 이야기를 설명하는 쪽으로 화제가 변한 것을 알 수 있다. (b)로 (a)를 옮겼을 때도 마찬가지이다. 즉, 처음 두 문장은 영화 이야기를 했지만, 나머지 세 문장은 전쟁의 역사 이야기를 하다가 글을 마쳤다. 바로 이런 경우, 글로 생각을 표현할 때는 대화에서 중심 화제가 바뀌는 시점에 새 문단을 시작해야 한다. 즉 (b)는 (c)처럼 바뀌어야 한다.

(c) 글을 문단으로 정리한 형태

Steven Spielberg, the director of *Schindler's List*, made a new film dealing with WWII once again. This time, however, he focused on American soldiers who landed on Normandy.

Normandy is the name of a region in Northern France. As France was occupied by Germans at that time, Germans were guarding the coast of Normandy. Therefore, Americans had to land on Normandy to fight the Germans.

물론 (c)도 그리 썩 좋은 형태는 아니다. 첫 번째 문단이 충분히 전개되지 않았을 뿐 아니라, 두 번째 문단으로만 글을 마무리할 수 없으므로, 실제로는 다른 문단이 이어져야 할 것이다. 하지만 이 단계에서는 이 두 가지만을 분명히 강조해 두자.

> 첫째, 문단은 대화에서 한 가지 화제를 전개하는 것과 같은 원리와 절차로 구성된다.
> 둘째, 대화에서 화제를 바꾸는 시점에 새로운 문단이 시작돼야 한다.

우리말로 작문할 때는 모든 문장이 "-했다", "-하자"로 끝나야 하는 매우 갑갑한 규칙이 있어서 실제 대화의 유려함이 글에 그대로 전달되지 못한다. 그래서 더욱 더 글과 말은 서로 전혀 다른 세계로 인식할 수밖에 없다. 하지만 영어에서 대화와 글은 그 구조나 성격, 본질에 있어서 전혀 다르지 않다. 이 사실을 명심하지 않으면, 제대로 된 문단을 만들어낼 수 없고 문단을 잘 만들지 못하면 좋은 글을 쓰는 것은 불가능하다.

Principle A-2 각 문단을 구성하는 단어들은 수준, 종류, 분야에 따라 일정하게 통일돼야 한다.

Tutorial A-2 위의 Tutorial A-1을 따른다면, 모든 문단은 대화로 환원할 수 있다. 대화란 누구와 어떤 상황에서 무엇에 대한 대화인지에 따라 사용하는 단어나 표현, 구문의 종류, 수준이 정해진다. 글도 마찬가지이다.

한국어 대화에서는 말을 올릴 것인지 여부가 가장 일차적으로 중요한 판단 사항이 될 것이다. 말을 올리는 대화는 대개 점잖고 격식을 갖춘 대화이고, 말을 낮추는 대화는 친근한 사이의 편안한 대화일 것이다. 영어에서는 이것이 말을 올리는 문제로 표현되는 것이 아니라 사용되는 단어의 종류와 성격에 따라 정해진다. 대개 격식을 갖춘 대화라면 다소 어렵고 전문적인 단어들이 많이 사용될 것이고, 그렇지 않은 대화라면 평이한 단어들과 관용구가 대종을 이룰 것이다.

이것은 글로 썼을 경우에도 그대로 적용된다. 친구 사이에 사적인 메시지를 전하는 간단한 메모와 어떤 문제에 대한 공식적인 보고서에 등장하는 단어들은 그 종류나 성격이 다를 수밖에 없는 것이다.

이것을 예시하기 위해 다시 하나의 대화를 문단으로 전환시켜보자. 위의 Tutorial A-1의 대화를 다소 응용해 보면,

(a) 사적인 대화

A: Did you like the movie?
B: Yeah, it was a lot of fun.
A: I'm glad you did. I thought it was great, too.
B: I was kind of shocked by the first ten minutes or so when you got nothing but shooting.
A: Yeah, that got me really involved, too.

A: 영화가 맘에 들었어?
B: 응, 아주 재미있었어.
A: 재미있었다니 반갑다. 나도 아주 좋다고 생각했거든.
B: 첫 10분 여 동안 총만 쏘는 게 좀 충격적이더라.
A: 그래, 나도 그때부터 영화에 빠져들었어.

Tutorial A-1의 대화에서 먼저 거론됐던 스필버그의 『라이언 일병 구하기』(*Saving Private Ryan*)란 영화를 두고 둘이 나누는 대화이다. 이 대화의 성격은 사사롭게 영화에 대한 비전문적인 평가를 하는 것이다.

만약에 B가 제 3자에게 이 대화의 내용을, 이러한 평이한 수준의 글, 가령 '블로그'에 올리는 글로 전달한다고 가정해보자. 아마도 대략 이렇게 될 수 있을 것이다.

(b) 사적인 글

I saw the other day the movie that my friend told me was a lot of fun. It was great, like my friend said. I was kind of shocked by the first ten minutes or so when you got nothing but shooting. It really gets you involved. Try it. You won't regret it.

일전에 내 친구가 진짜 재미있다고한 영화를 봤다. 내 친구말대로, 대단했다. 첫 10분 여 동안 총만 쏘는 것이 좀 충격적이었다. 그게 관객을 영화에 빠져들게 만들었던 것이다. 한번 보도록. 아마 후회 하지 않을 것이다.

대화 (a)에서나 문단 (b)에서나 사용되는 단어들은 매우 평이한 일상적인 것들로, 영화를 평가하는 단어들이 대부분은 ("a lot of fun", "great", "shocked" 등) 어원을 따지면 영어의 모체를 이루는 Anglo-Saxon 계열 단어들로, 이런 단어들은 일상적이고 '쉬운' 어휘들이다. 말하자면 '말을 놓는' 대화나 글에서는 주로 이러한 Anglo-Saxon (게르만어 계통) 단어들이 많이 사용된다. 그러나 이 같은 화제에 대한 대화가 전문 영화비평가끼리, 아니면 교육받은 지식인끼리의 대화라면, 아무래도 전문적인 대화/담화로 변하면서 Latin 계열의 어휘들("entertain", "fascinate", "surprise", "attention", "audience" 등)이 보다 많이 등장하는 등, 사용되는 단어들의 종류와 성격이 변할 것이다. 예를 들면,

(c) '전문적인' 대화

A: Did you like the movie?
B: Oh, yes. It was entertaining enough.
A: I'm glad we agree with each other, because I was also fascinated by it.
B: What struck me as most surprising was the opening scene, where the bullets were hissing around with no narration or dialogue.
A: Yes, that was a device that truly involved the attention of the audience.

A: 영화가 마음에 드셨어요?
B: 아, 네, 뭐 그런대로 흥미롭더군요.
A: 저랑 같은 생각이시니 다행이군요. 왜냐하면 저도 흥미진진하게 봤거든요.
B: 제가 놀랍게 생각한 것은 첫 장면이에요. 아무런 내레이션이나 대화도 없이 총알만 쌩쌩 지나가니 말이에요.
A: 맞아요, 그게 진짜로 관객들의 관심을 끌어들이는 기법이었지요.

(c)를 (b)와 비교한다면, 일단 사용되는 단어가 많다보니 결과적으로 '말이 많다.' 지식인들은 대체로 '말이 많은' 것이다. 또한 말의 종류가 다양하다보니 "fun", "great"같은 쉬운 말이 아니라 "entertaining", "fascinated" 등이 사용되며, 영화에 대한 정보도, 단지 "nothing but shooting"이 아니라 "bullets were hissing …"으로 보다 정확히 전달하고 있고, 그것을 하나의 "device"로 규정한다. 마지막으로, 영화에 대한 평이 "A"나 "B"의 개인적인 반응이 아니라 하나의 보편적인 반응임을 "I got involved" 대신 "the attention of the audience" 운운 하면서 주장한다. 이 정도 되는 대화를 글로 옮겨 놓는 것이 대략 formal essay, 가령 iBT TOEFL Writing 수준의 글이라고 할 수 있다.

> (d) iBT TOEFL Writing 수준의 글
>
> The movie was a successful entertainment, and many people were fascinated by it. In particular, the opening scene was taken as a great surprise, for the bullets were hissing around with no narration or dialogues whatsoever. It was a superb device that involved the attention of the audience.
>
> 이 영화는 오락물로서는 성공작이었고, 많은 사람들의 관심을 사로잡았다. 특히, 아무런 내레이션이나 대화도 없이 총알만 쌩쌩 지나가는 첫 장면은 매우 놀랍게 받아들여졌다. 관객의 주의를 집중시키는 탁월한 기법이었던 것이다.

이런 정도의 작문을 하기 위해서는, 화제/주제와 연관된 어느 정도의 전문성, 아니 보다 정확히 말해서 '일반교양'에 속하는 단어들은 알고 있어야 한다. 영화를 논하면서 의당 나오는 말들인 "entertainment", "scene", "device", "audience"를 알아야 문장을 만들어낼 수 있을 것이고, 전쟁 영화라면 "bullet" 같은 단어들을 알아야 할 것이다.

문단을 만들 때는 같은 수준과 성격에 맞는 이러한 어휘들이 서로 어울려야 한다는 점을 잊지 말자.

Principle A-3 주제에 따라 문단을 구성하는 단어들이 정해진다.

Tutorial A-3 문단을 구성하는 단어들은 어떤 의사 전달에도 늘 사용되기 마련인 단어들(be 동사, have, 전치사, go, woman 등의 쉬운 단어들)과 해당 문단이 다루는 주제(화제) 때문에 등장하는 단어들로 나뉜다.

전자는 어떠한 수준이나 어떠한 종류의 작문에서나 늘 쓰이는 단어들로, 이러한 단어들을 잘 아는 것이 작문 실력의 기본을 이룬다. 반면에 후자는 특정 주제와의 관련 하에서 의미를 부여받는 말들이기 때문에, 특정 주제와 함께 등장해야 하는, 또는 등장하면 좋은 단어들이다. 물론, 이 둘의 경계선이 분명한 것은 아니다. 중요한 것은 이러한 구분 그 자체가 아니라 해당 주제를 다루는 데 적절한 단어들을 알고 있는지 여부이다.

작문을 구상할 때 특정 주제를 잡았다면 이 주제와 관련해서 등장하는 단어들을 미리 모아놓으면 편리하다. 이러한 예비 작업은 전문성이 높은 글에서는 아예 전문용어집을 펴 놓고 단어들을 고르는 일이 될 것이다. 그렇지 않은 경우에도, 의당 등장하면 좋은 단어들을 미리 알고 있거나 미리 조사해두면 여러모로 편리할 것이다.

예를 들어서 위의 Tutorial A-2의 (d)는 영화를 다룬 문단이다. 따라서 일단 '영화'라는 주제어부터 시작해서 연관된 단어들을 알고 있거나 정리해 두면 좋을 것이다. 여기에서는

> movie, entertainment, scene, audience, narration, dialogue, device

등이 주제와 연관된 전문적 단어들로 사용됐다. 그러나 movie를 제외하면 나머지는 얼마든지 다른 주제, 다른 맥락에서 활용될 수 있는 일반적인 단어들이기도 하다. "entertainment" "scene", "audience"는 영화 외에 다른 오락이나 예술 공연에 공통적으로 사용되는 단어들이다. 다른 한편 "dialogue"와 "device"는 더욱 더 광범위하게 활용되는 단어들이다.

가령, "device"의 경우, 여기에서는 영화의 기법 내지는 감독의 예술적 기교를 지칭하는 용도로 쓰였지만, 공학 발명을 소개하는 문단에서도 사용될 수 있다. 이러한 성격의 문단에서 "device"는 '장치'의 뜻으로, 가령 다음과 같은 문장에 동원될 것이다.

He was the first to invent the device that allows one to control the amount of electricity.

그는 전기의 양을 조절하는 장치를 창안해 낸 최초의 인물이다.

또한 "device"는 회사 조직 내부의 세력관계를 논하는 문단에서도 사용될 수 있다. 가령,

Left to their own devices, they will never manage to cope with the new challenge.

그냥 자기들이 알아서 해보도록 맡겨두면, 그들은 절대로 이 새로운 도전에 대한 대응책을 찾지 못할 것이다.

라는 문장 속에 "device(s)"가 등장할 때는 '업무 역량', '대응책'의 의미를 갖는다.

이와 유사하게, 의회에서 새로운 정치자금법을 통과시킨 집권당에 대한 논평을 하는 문단이라면, "device"가 이런 문장에 포함될 것이다.

The new law was a device meant to cut off the financial pipeline of their political enemies.

새 법은 그들의 정적들의 자금줄을 잘라 버리려는 조치였다.

라는 식의 문장에서 사용될 수 있을 것이다.

같은 예에서 일반적으로 쓰이는 비전문적 단어들로는

successful, fascinated, surprise, involved, attention

이 있다. 그리고 빈도수로 보면 가장 많이 등장한 단어인 be 동사도 여기에 포함돼야 할 것이다. 반면에 "bullets hissing"은 어떤가. "bullet"은 전쟁 영화를 설명하는 데 꼭 필요한 '전문용어'로 사용되고 있지만 "hissing"은 감각적 효과를 표현하기 위한 비유를 만드는 기능을 한다. 말하자면 가장 '기교'를 부린 장식적 표현이라고 볼 수 있겠다.

이상을 정리하면, 한 문단에서 사용되는 단어들은
  (1) 주제와 관련된 '전문용어'
  (2) 주제와 상관없이 일반적으로 쓰이는 '일반단어'
  (3) 비유적 효과를 내기 위한 '장식단어'
로 나뉜다. 글을 잘 쓴다는 것은 일단 (1)과 (2)를 적절히 필요한 만큼 배치하는 것을 뜻하지, 꼭 눈에 띠는 기교나 화려한 표현의 등장은 아니다. 문단이란 무엇보다도 생각을 명확히 정리해 놓은 논리적 사유의 단위이기 때문이다.

Principle A-4 각 문단은 한 개의 중심적인 주장을 펼치기 위해 존재한다.

Tutorial A-4 위의 Principle A-1에서 말한 대로, 문단이 생각의 단위라면 과연 '생각의 단위'는 무엇을 뜻하는가? 그것은 일단 한가지 중심적인 생각이 충분히 전개된 단위를 의미한다.

영어는 서양 언어이고 서양언어로서 영어는 서양의 철학 전통을 따르기 마련이다. 동양적인 전통에서 생각의 단위는 한 개의 문장(예를 들어, "君臣有義")이거나, 아니면 심지어 한 개의 글자(예를 들면, "仁")일 수도 있다. 추상적이며 보편적이고 포괄적인 생각을 하는 것이 동양의 전통이기 때문이다.

그러나 고대 희랍 철학의 전통에 닿아 있는 서양의 사고방식은 지속적으로 이어지는 대화와 토론 속에서 어떤 문장이나 진술이 구체화되는 과정을 중시한다. 문단은 Tutorial A-1에서 살펴보았듯이, 대화를 옮겨 놓은 것으로 볼 수 있다. 대화를 통해 생각을 구체화하는 방식을 집대성한 고대의 철학자는 플라톤이다. 플라톤의 모든 저서들은 지속적으로 이어지는 대화들이고, 이런 대화들에는 당연히 문단이 없다. 플라톤은 '논문'을 쓴 적이 없는 것이다. 문단이 탄생하는 시점은 플라톤의 제자인 아리스토텔레스로, 아리스토텔레스는 대화를 정리해서 옮겨놓은 문단속에 문제의 여러 측면을 하나씩 정리하는 분석적이며 체계적인 사고방식 및 글쓰기 방식을 개시한 인물이다.

아리스토텔레스적인 사고방식에서 한 가지 생각이 충분히 전개되었다는 것은 그것이 'syllogism'(삼단논법)의 과정을 최소한 한 차례는 겪었다는 말이다. 예를 들어 '죽음'이라는 논제로 문단을 쓸 때,

(1) 모든 동물은 죽는다.
(2) 그런데 인간도 동물이다.
(3) 따라서 인간은 죽는다.

같은 '삼단논법'을 통해서 어떤 확고한 결론에 도달했을 때, 다음 생각으로 넘어갈 수 있는 것이다. 가령, 예를 들어

(1) 인간은 누구나 죽는다.
(2) 그런데 죽는다는 결과는 같지만 죽는 방식이 모두 같은 것은 아니다.
(3) 예를 들면 늙어서 병들어 죽는 사람이 있고 전쟁에서 싸우다 죽는 이가 있다.
(4) 따라서 죽는 방식은 여러 가지이다.

라는 생각으로 넘어갈 수 있을 것이며, 계속 이 생각을 발전시킨다면 '병들어 죽는' 경우와 그렇지 않은 경우로 나눈 후 각 경우별로 관련된 생각을 정리해 나갈 수 있을 것이다. 어떤 경우이건 한가지 중심적인 생각이 전개되는 단위로 문단이 구성되어야 한다.

이를 구체적인 예를 통해 살펴보자. 다시 Tutorial A-1의 (b)로 돌아가서 이 중의 한 문장을 떼어내어 살펴보자.

(a) As France was occupied by Germans at that time,

Germans were guarding the coast of Normandy.

프랑스가 당시에 독일군에게 점령당할 상태였기에, 독일군은 노르망디 해안을 지키고 있었다.

똑같은 문장이라고 하더라도 이 문장이 이끌어내는 논지는 같지 않을 수 있다. Tutorial A-1의 (b)에서 이 문장이 등장하는 문단은,

(b) Normandy is the name of a region in Northern France. As France was occupied by Germans at that time, Germans were guarding the coast of Normandy. Therefore, Americans had to land on Normandy to fight the Germans.

으로, 노르망디에 미군이 상륙해야 할 필요성에 대한 주장의 근거로 등장하여 그 주장을 돕고 있다.

이번에는 문단 (b)를 약간 변형해보자.

(c) When Germans invaded France during WWII, France yielded without offering great resistance. As France was occupied by Germans at that time, Germans were guarding the coast of Normandy. To Germans, therefore, Normandy had great strategic importance, because it formed a frontline against their enemies, the British and the Americans.

2차 세계대전 때 독일군이 프랑스를 침공하자 프랑스는 별 저항 없이 항복했다. 프랑스가 당시에 독일군에게 점령당할 상태였기에, 독일군은 노르망디 해안을 지키고 있었다. 따라서 독일군에게 노르망디는 그들의 적인 미군과 영국군들과 대치하는 최전방이었기에 전략적으로 매우 중요했다.

이렇게 될 경우, 내용은 (b)와 유사해 보이지만, 논리적인 구조를 보면, (b)는 '미군의 노르망디 상륙' 이 주제이고 (c)는 '노르망디의 전략적 중요성' 이다. 같은 문장이 문단의 가운데 등장하지만, 그 논리적 기능은 같지 않은 것이다.

이번에는 아예 문장(a)를 핵심적인 문장으로 만들어보자.

(d) As France was occupied by Germans at that time, Germans were guarding the coast of Normandy. From the Normandy they tried to attack and occupy Britain, but they failed to do so. Normandy thus had great strategic importance, because it formed a frontline for the Germans against their enemies, the British and the Americans.

프랑스가 당시에 독일군에게 점령당할 상태였기에, 독일군은 노르망디 해안을 지키고 있었다. 노르망디에서부터 그들은 영국을 공격하고 점령하려고 시도했으나 그들은 실패했다. 이렇듯 독일군에게 노르망디는 그들의 적인 미군과 영국군들과 대치하는 최전방이었기에 전략적으로 매우 중요했다.

이렇게 하면 (b)나 (c)와 달리 (d)에서는 (a)가 문단의 중심이 되고, 이어지는 두 문장은 이를 뒷받침해 주는 기능을 하고 있다.

이와 같이 한 문단은 어떤 주장을 중심에 두느냐에 따라 그 구성과 내용, 형태가 달라진다. 문단이 생각의 단위인 것은 바로 이처럼 한 개의 중심적인 주장, 즉 논지(thesis)와 그 주장을 돕는 근거를 제시하는 다른 문장들이 모여 있는 덩어리를 이루기 때문이다. 이것을 "one thesis per one paragraph"의 '법칙' 으로 외워두면 좋을 것이다. 말하자면 각 문단은 하나의 중심 논지를 '띄워주는' 데 초점을 맞춰 구성해야 한다.

Principle A-5 중심적인 생각이 충분히 전개된 후에만이 문단이 끝나야 한다.

Tutorial A-5 대화를 옮겨놓은 꼴인 문단은 한 가지 화제(논제, 주제), 즉 "topic"에 대한 중심적인 주장, 즉 "thesis"(논지)와 이를 뒷받침하는, 아니면 이와 관련된 '예상 질문' 들에 대한 답들이 모여 있는 단위라고 정리할 수 있다.

대부분 한 줄짜리 광고 카피가 아니라면, 실제 영어 문단들에는 1개 이상의 'syllogism'(즉 한 가지 생각과 그 '근거' 가 함께 묶여 있는 형태)이 등장한다. 예를 들면, '미국은 강대국이다', '미국의 영토가 넓다', '미국은 돈이 많다', '미국은 군사력이 강하다' 이런 4가지 생각들이 각기 근거를 제시하는 문장들과 함께 등장할 것이다.

먼저, '미국은 강대국이다' 라는 주장은 '미국은 중국에 정찰기를 보내서 감시를 해도, 중국은 미국에 정찰기를 못 보낸다. 그런데 중국도 강한 나라이다. 따라서 미국은 정말 강한 나라이다' 와 함께 하나의 syllogism을 만들 것이다. '미국의 영토가 넓다' 는 '미국의 영토는 … 평방 킬로이다' 또는 '미국의 영토는 한반도의 … 배이다' 정도의 주장과 함께 나올 것이다.

그런데, 한 문단에서 syllogism들이 결합할 때는 말을 절약하기 위해 명백한 근거들은 제시하지 않을 것이다. 예를 들어, '미국은 군사력이 강하다' 의 근거로 '미국은 많은 핵무기를 갖고 있다' 고 하면 되지 '핵무기는 매우 무서운 무기이다' 라는 주장은 제시하지 않아도 될 것이며, '미국은 강대국이다' 라는 주장에서도 '중국도 강한 나라인데, 중국보다 더 강하니 미국은 정말 강한 나라이다' 라는 주장은 굳이 안 해도 그냥 '미국은 중국에 정찰기를 보내서 감시를 해도, 중국은 미국에 정찰기를 못 보낸다' 는 말로 충분하다. 이 때 논지가 '미국은 강대국이다' 라면, 위에 나온 주장들을 다 모아놓으면 될 것이다. 즉,

> 미국은 강대국이다. 미국은 중국에 정찰기를 보내서 감시를 해도, 중국은 미국에 정찰기를 못 보낸다. 미국의 영토가 넓다. 미국의 영토는 한반도의 수 십 배이다. 미국은 군사력이 강하다. 미국은 많은 핵무기를 갖고 있다. 미국은 정말 막강한 나라이다.

이런 식의 주장들이 (실제 표현은 다르겠지만) 모여 있으면 이 문단은 마무리가 된 것이다. 하지만 논지가 "미국에 도전하는 것은 무모한 짓이다"라면, 이 논지가 맨 뒤에 나온 후에야 문단이 끝날 수 있는 것이다. 즉,

> 미국은 강대국이다. 미국은 중국에 정찰기를 보내서 감시를 해도, 중국은 미국에 정찰기를 못 보낸다. 미국의 영토가 넓다. 미국의 영토는 한반도의 수 십 배이다. 미국은 군사력이 강하다. 미국은 많은 핵무기를 갖고 있다. 미국은 정말 막강한 나라이다. 따라서 미국에 도전하는 것은 무모한 짓이다

같은 형태가 될 것이다.

이와 같이 비교적 여러 말로 문단에서의 논지의 위치를 설명한 이유는, 엉터리 교재나 강사들이 주장하는 대로, '문단의 첫 문장이 논지이다' 같은 근거 없는 가르침에 현혹되지 말라는 취지에서이다. 논지는 그것이 등장하는 위치가 중요한 것이 아니다. 처음에 올 수도 있고, 중간에 올 수도 있고, 마지막에 올 수도 있기 때문이다. 중요한 것은, 한 가지 생각을 전개하는 한 개의 문단이 결국 하려고 하는 말이 무엇인지를 결정한 후, 이를 실행에 옮기는 것이다.

그렇다면 이 작업에 어떻게 접근할 것인가? 이것은 소위 "dialogue to paragraph"의 원리로 요약할 수 있다. 문단은 대화를 옮겨 놓은 형태로 볼 수 있다. 그렇다면 문단의 문장과 문장 사이에서는 "So?", "So what?", "Why?", "Really?", "Are you sure?", "Where?", "How so?", "In what way?" 같은 질문들이, 씌어져 있지는 않으나, 있는 것이나 마찬가지라고 가정할 수 있다. Tutorial A-2의 (d)를 예로 들면,

(a) The movie was a successful entertainment, and many people were fascinated by it. (*Really? In what way?*) In particular, the opening scene was taken as a great surprise, for the bullets were hissing around with no comments or dialogues whatsoever. (*So?*) It was a superb device that involved the attention of the audience. (*So?*)

이 영화는 오락물로서는 성공작이었고, 많은 사람들의 관심을 사로잡았다. (그래? 어떤 면에서 그렇지?) 특히, 아무런 내레이션이나 대화도 없이 총알만 쌩쌩 지나가는 첫 장면은 매우 놀랍게 받아들여졌다. (그래서?) 관객의 주의를 집중시키는 탁월한 기법이었던 것이다.(그래서?)

이 될 것이다. 이 문단은 별로 완성도가 높은 편은 아니다. 즉, 중심적인 생각이 무엇인지도 분명하지 않고, 근거도 충분치가 않다. 이것을 완결된 문단으로 변화시킨다면 다음과 같이 될 것이다.

(b) Steven Spielberg 's *Saving Private Ryan* was a hit. (*Why?*) The movie was a successful entertainment, and many people were fascinated by it. (*Really? In what way?*) In particular, the opening scene was taken as a great surprise, for the bullets were hissing around with no comments or dialogues whatsoever. (*So?*) It was a superb device that involved the attention of the audience. (*Really? Are you sure?*) Some film critics argued that the movie was nothing besides its special camera work. (*So?*) But there was no doubt that its camera tricks really worked.

스티븐 스필버그의 『라이언 일병 구하기』는 히트작이었다. (왜?) 이 영화는 오락물로서는 성공작이었고, 많은 사람들의 관심을 사로잡았다. (그래? 어떤 면에서 그렇지?) 특히, 아무런 내레이션이나 대화도 없이 총알만 쌩쌩 지나가는 첫 장면은 매우 놀랍게 받아들여졌다. (그래서?) 관객의 주의를 집중시키는 탁월한 기법이었던 것이다.(정말? 확실해?) 어떤 영화 평론가들은 이 영화가 특수 촬영을 빼고 나면 별 것 없다고 주장하기도 했다. (그래서?) 그렇긴 해도 카메라의 기교가 진짜 효과적이었다는 점은 의심의 여지가 없었다.

이 때, 이 문단의 중심적인 주장, 즉 논지는 "Spielberg's film was a successful entertainment"가 된다. 왜 그런가? 그것은 읽는 이가 던지는 마지막 질문, "So?"에 대한 대답, 즉 마지막 문장이 영화의 기법을 칭찬한 것이기 때문이다. 만약에 그렇지 않고, 마지막 질문 "So?"에 대한 대답, 즉 마지막 문장이

Spielberg never managed to please the critics, although the general public loved his movie tricks.

스필버그는 늘 비평가들을 만족시키지는 못했다, 비록 일반 대중들은 그의 영화 기교들을 좋아했지만.

이라면, 바로 이것이 이 문단의 논지가 될 것이다. 즉,

(c) Steven Spielberg's *Saving Private Ryan* was a hit. (*Why?*) The movie was a successful entertainment, and many people were fascinated by it. (*Really? In what way?*) In particular, the opening scene was taken as a great surprise, for the bullets were hissing around with no comments or dialogues whatsoever. (*So?*) It was a superb device that involved the attention of the audience. (*Really? Are you sure?*) But film critics argued that the movie was nothing besides its special camera work. (*So?*) Spielberg never managed to please the critics, although the general public loved his movie tricks.

스티븐 스필버그의 『라이언 일병 구하기』는 … (중략) … 스필버그는 비평가들은 별로 만족시키질 못했다. 일반 대중들은 그의 영화 잔재주를 좋아하지만.

이 된다. 이 경우 논지를 분명히 해주기 위해 (b)의 "Some"을 "But"으로 바꾸는 게 좋을 것이다. 이렇듯 자기가 지은 문단이 제대로 구성되었는지, 확인하려면 "So? Why are you saying this?"를 매 문장이 끝날 때마다 물어보므로, 그 문단을 '대화'로 환원하면 된다. 한 문단이 마무리되는 시점은 바로 이러한 질문들이 어느 정도 충분히 대답이 된 시점이고, 마지막 "So?"에 대한 답변이 된 시점인 것이다.

흔히 맨 앞에 논지가 등장한다는 얘기는, 지극히 단순한 문단 구조에만 해당된다. 즉, "X is Y"의 근거가 쭉 나열된 후 그냥 문단이 끝난 형태로, 이것은 마지막 "So?"에 대해서 "Therefore, X is Y"라는 대답을 생략해 놓은 형태일 뿐이다. 그것은 가장 일반적인 문단의 형태일 수는 있어도, 그것 자체가 절대적인 규범은 될 수 없다.

생각의 단위가 있다는 말은, 한 가지 주장이 어느 정도 근거를 제시했을 때 다음 주장으로 넘어갈 수 있다는 이야기가 된다. 즉, "X는 Y다"라는 중심이 되는 주장 내지는 문장이 나왔을 때, "그게 왜 그런가? 예를 들면 뭐가 그런가?" 같이 질문을 하는 대화의 상대를 가정하자. 즉, 토론자가 없다고 하더라도 마치 이런 토론자가 있는 것과 똑같이 생각의 근거를 대는 것이다. 이러한 '예상 질문'에 대한 답변이 충분이 됐을 때, 새로운 문단에서 새로운 생각에 대한 '예상 질문'을 처리해주는 것이다.

Principle A-6 문단을 구성하는 문장은 "and"나 "so" 등으로 시작하지 않는 게 좋다.

Tutorial A-6 지금까지 살펴보았듯이 문단은 그 자체가 하나의 생각을 중심으로 구성된 생각의 단위이기에, 모든 문장들은 이러한 생각을 전개하는 순서와 전략에 따라 논리적으로 배치되어야 한다.

따라서 그 배치된 위치, 선후 관계 자체에서 논리성이 만들어지는 것이지, "and", "so", "thus"를 통해 논리적 관계를 표시해서 해결될 일은 아니다. 반면에 우리말 작문에서는 "그리고", "그래서", "그런데" 같은 접속어들로 문단을 구성하는 문장을 시작하는 경우가 많다. 또한 그것이 어느 정도 합당한 것으로 간주된다. 하지만 영어에서는 문장의 순서와 위치 그 자체로 논리성을 부각시켜야 하므로, 이러한 논리적 관계를 표시하는 접속어들을 가능한 한 자제하는 것이 좋다.

특히 "and"로 문장을 시작하는 것은 그 자체가 '논리적인 연결을 포기했다는 표시로 받아들여질 수 있으므로 특히 주의해야 한다. 가령, Tutorial A-5의 (c)의 문장 사이에 "and"를 넣은 후 마무리 문장 앞에 "so"를 넣어보자.

(d) Steven Spielberg's *Saving Private Ryan* was a hit. **And** the movie was a successful entertainment, and many people were fascinated by it. **And** in particular, the opening scene was taken as a great surprise, for the bullets were hissing around with no comments or dialogues whatsoever. **And** it was a superb device that involved the attention of the audience. **And** some film critics argued that the movie was nothing besides its special camera work. **So** Spielberg never managed to please the critics, although the general public loved his movie tricks.

이렇게 해 놓으면 오히려 문장과 문장 사이에서 만들어지고 있는 논리적 연관성을 방해하는 결과를 초래할 뿐이다. 한국어 문단이라면 "… 그리고 … 그런데 … 게다가 … 또한 … 그래서 …" 등의 접속어로 문단을 구성하는 문장을 연결하는 것이 그리 좋은 작문법은 아니라 해도 아예 금기시 되지는 않는다. 하지만 영어 문단에서는 이러한 접속어를 자제하거나 꼭 쓰려면 최소한으로, 주로 강조의 목적으로만 사용하는 것이 좋다.

B 문단의 기능

Principle B-1 문단은 생각의 단위이므로 생각의 폭과 범위와 방향에 따라 문단의 형태가 달라진다.

Tutorial B-1 문단이 담고 있는 생각은 길거나 짧다. 이에 따라 문단의 길이가 정해진다.

예를 들어, 별 생각 없이 'X가 Y를 했다'는 사실을 전달하는 간단한 기사나 메모는 한 문장으로 된 문단들을 나열할 것이다. 여기에다 생각을 좀 더 담는다고 하면, 'X가 Y를 했다'에다 그 행위의 정황과 배경을 설명하는 문장들, 말하자면 '왜?'에 답하는 주장들이 같이 뭉쳐져서 하나의 syllogism을 이룰 것이다. 이보다 한 단계 더 복잡한 생각을 담고 있는 문단은 'X가 Y를 했다'의 배경이외에도, 거기에 대한 논평으로 발전할 것이고, 그 논평의 근거가 되는 주장들이 또 다른 syllogism을 만들 것이다. 거기서 더 '깊은' 생각으로 나아간다면, 자신이 한 주장에 대한 반대의 여지도 감안한 후, 반대 주장의 syllogism도 이해했음을 밝히고, 거기에 대한 반응까지 포함한 형태가 될 것이다. 이처럼 단순한 진술에서부터, 배경과 정황을 포함한 진술로, 거기서 다시 판단/논평을 포함한 진술로, 상이한 판단/논평에 대한 판단까지 포함한 단계까지 나아가는 것이 생각의 '범위' 내지는 '깊이'라고 할 때, 이것은 고스란히 문단의 길이와 형태에 반영되는 것이다.

예를 들어, 간단한 신문 기사를 모방한 문단을 가정해 보자.

(a) **A man was killed yesterday at his home.**
어제 한 남자가 자기 집에서 살해당했다.

이렇게 간단한 글은 본격적인 기사에 등장하기에도 부적합하다. 대개는 제목이나 headline에, "A married man killed at home" 따위로 등장할 것이다. 본격적인 본문에서는,

(b) **A thirty-five year old man named Abdul Jabha was killed yesterday at his home in Beverly Hills.**
압둘 자바란 이름의 35세 남자가 어제 베벌리 힐스의 자택에서 살해당했다.

로 시작한 후, 다음 문단으로 넘어가기 전에 최소한 사건의 정황과

배경은 포함시켜야 할 것이다. 그래서, 예를 들면,

> (c) A thirty-five year old man named Abdul Jabha was killed yesterday at his home in Beverly Hills. Based on the testimony of the neighbors who reported the gun shot, the police suspects that the murderer broke into the house around midnight. Mr Jabha, a first generation Palestinian immigrant, is something of a mystery, for he drove a fancy sports car but apparently had no full-time job.
>
> 압둘 자바란 이름의 35세 남자가 어제 베벌리 힐스의 자택에서 살해당했다. 총소리를 들었다고 신고한 이웃들의 증언에 근거해서, 경찰은 자정 경에 살인자가 자택에 침입한 것이라고 추정하고 있다. 1세대 팔레스타인 이민자인 자바씨는 다소 신비로운 존재였는데, 고급 스포츠카를 몰고 다녔지만 정규적인 직업은 없었던 것으로 보인다.

이 정도로 문단을 전개했다면, 첫 문장 다음에 쏟아지는 "Really? Who killed him? Why did it happen? So?" 등의 질문에 어느 정도는 답변을 한 후에 문단을 끝낸 셈이다.

그런데 이러한 사실 보도의 차원이 아니라 하나의 논평의 차원까지 올라간 생각을 담고 있는 문단이라면, (c)에 이어서, 이런 (이탤릭체로 된) 말들을 첨가하게 될 것이다.

(d) A thirty-five year old man … (중략) … but apparently had no full-time job. *This shows how dangerous American suburbs actually are, however affluent they may be. If people can be shot to death at their homes, where can one feel safe?*

이걸 보면 아무리 잘 사는 동네라도 해도 미국의 교외주거지역이 얼마나 위험한지를 보여준다. 사람들이 집에 있다가 총에 맞아 죽을 수 있다면, 어디를 가야 안전하다고 느낄 수 있겠는가?

물론 이렇게 되면 문단의 논지가, (c)에서는 단지 "A man was killed"(한 남자가 죽었다)였다면, (d)에서는 "America is a dangerous country" (미국은 위험한 나라이다)로 바뀔 것이다.

이러한 논평을 하면서 한 단계 더 나아갈 때, 다른 의견을 알고 있음을 밝히고, 거기에 대한 재반론이나 반응을 포함하는 형태로까지 문단이 발전할 것이다. 그래서 (d)는,

(e) A thirty-five year old man … (중략) … where can one feel safe? Of course, the police cannot be blamed, given the low budgets and the great workload. Nor can we think of banning gun ownership, because it is quite impossible to track all the firearms private citizens possess all over the nation. The only viable solution seems to be the commercial security companies, who can do what the police cannot do,

> namely, keep your home safe.
> 물론, 경찰을 비난할 수도 없다, 예산부족과 과도한 업무량을 감안하면. 또한 각 시민들이 전국에 걸쳐 소지하고 있는 총기류를 모두 추적한다는 것은 불가능하니, 총기소지를 금지할 수도 없는 노릇이다. 유일하게 적절한 해결책은 상업적인 보안 회사들인 듯하다. 이들은 경찰이 못하는 것, 즉 당신의 집을 안전하게 지켜주는 일을 할 수 있는 것이다.

로 변한다면, 논지는 "Commercial security services are necessary" (상업적인 보안 회사들은 필요하다)가 될 것이다.

물론 이렇게 문단의 초점이 바뀐다면 처음에 시작한 형태 (c)는 좀 간소한 형태로 바뀌어서, 첫 두 문장만 사용하고 세 번째 문장은 버린 후, 이런 형태의 문단으로 바뀔 것이다.

> (f) A thirty-five year old man named Abdul Jabha was killed yesterday at his home in Beverly Hills. Based on the testimony of the neighbors who reported the gun shot, the police suspects that the murderer broke into the house around midnight. This shows how dangerous American suburbs … (중략) … the commercial security companies, who can do what the police cannot do, namely, keep your home safe.

이렇듯, 문단은 생각의 형태 및 '깊이'에 따라 그 모습이 달라지는 것이다.

Principle B-2　전체 글에서 각 문단이 차지하는 위치는 그 기능에 따라 정해진다.

Tutorial B-2　한 문단 안에서 각 문장은 각기 수행하는 기능이 따로 있다.

만약에 5개 문장으로 구성된 문단이라면, 첫째 문장은 해당 문단의 논지를 간략히 기술하고, 둘째 문장은 논지를 좀 더 상세히 부연하고, 셋째 문장은 논지를 뒷받침하는 예를 들고, 넷째 문장은 이 예에 대한 분석을 해주고, 다섯째 문장에서는 다시 논지를 보강하여 진술할 수 있을 것이다.

하나의 글 안에서 각 문단이 수행하는 기능도 마찬가지이다. 예를 들어 5개 문단으로 구성된 글이라면, 첫째 문단에서 논제를 소개하며 글 전체의 논지를 제시한 후, 둘째, 셋째, 넷째 문단에서는 논제를 세분화하여 논지를 뒷받침하는 예들을 들어 준 후, 마지막 문단에서 다시 논지를 보강하여 제시하므로 글을 마무리할 수 있을 것이다.

한 문단이 가상의 '대화'를 이어가는 과정이듯, 여러 문단으로 구성된 글도 질문을 예상하고 거기에 대답하는 '가상의 대화'이다. 따라서 각 단계마다 나올 법한 질문에 대비해 문단을 배치해야 한다.

이를 예시하기 위해, B-1의 (e)나 (f)를 4개의 문단으로 구성된 글로 늘려보자. 먼저 첫 번째 문단은 글 전체의 논제를 소개하는 기능을 맡을 것이다. 그리고 두 번째 문단은 이 논제와 관련된 다른 예를 들어주고, 세 번째 문단에서는 글 전체의 논지를 유도하기 위한 문제제기를 할 것이다. 그리고 네 번째 문단에서는 글 전체의 논지를 진술하며 해결책을 제시할 것이다. 이와 같이 구성했을 경우, 다음과 같은 문단별 '소논지'를 갖게 되는데, 그 이유는 문단과 문단 사이에 제기될 법한 질문들 때문이다.

(outline 1)

paragraph 1: A thirty-five year old man was killed at his Beverly Hills home. 35세 된 남자가 베벌리 힐스 자택에서 살해당했다.

So what? That's quite strange, isn't it?
그래서? 참 별난 일이다, 그지?

paragraph 2: There were other similar cases both in the area and other parts of the country.
그 지역 및 이 나라의 다른 곳에서도 유사한 사건들이 발생했다.

Really? What's the police doing, then?
정말? 아니, 경찰은 뭘 하는 거야, 그럼?

paragraph 3: We cannot rely on the police, nor is it possible to ban gun ownership.
우리는 경찰에만 의지할 수 없고, 총기소유를 금지할 수도 없다.

125

What then should we do? If so, we're in big trouble, aren't we?
그럼 어떡하란 말이야? 그렇다면 큰일이잖아, 안 그래?

paragraph 4: Private security companies are the only realistic solution. 보안전문 사기업이 유일한 현실적 대안이다.

이처럼 각 문단은 제기되는 질문에 대한 답변의 필요에 의해 주어지는 기능에 따라 그 문단이 전개해야 할 소논지가 주어지고, 이 두 가지 조건에 의거해 문단의 구성과 사용할 단어들을 결정하게 될 것이다. 즉, paragraph 1은 '빈번한 살인 사건'이라는 논제를 소개하기 위한 사실을 기술하는 문단이므로, 문단이 너무 길 필요는 없을 것이고, 문장도 간략한 단문들이 많이 등장할 것이다. 이어지는 paragraph 2도 유사하게 다른 사건들을 소개할 것인데, 글 전체의 논지를 강화하기 위해 통계 수치(살인 사건의 빈도, 회수 등)를 제시할 수도 있을 것이며, paragraph 1보다는 약간 더 길 수도 있을 것이다(살인의 빈도와 위험성을 강조하기 위해 사실을 나열할 것이므로). 이와는 달리 paragraph 3에게 주어진 기능은 분석과 논평이므로, 문장은 좀 더 길어지고 복잡해질 수 있을 것이며, 다른 한편 관련된 다른 사실들(경찰의 예산 부족, 총기 보유의 광범위함)을 보강하는 정보가 등장할 수 있을 것이다. 글을 마무리하는 paragraph 4는 이상의 사실들을 종합하며 논평하는 문단이므로 paragraph 3과 유사한 형태가 될 것이다.

물론 이런 구성은 얼마든지 변형시킬 수 있다. 예를 들면, paragraph 3의 논지를 둘로 나눠서 별개의 문단을 하나 더 추가할 수도 있을 것이며(즉, paragraph 3-1은 '경찰의 한계', paragraph 3-2는 '총기통제의 어려움' 을 다룸), 아니면 마지막 문단을 하나 더 추가해서 논의의 발단이 된 사건으로 다시 돌아가는 '에필로그' 식 끝내기를 할 수도 있을 것이다.

어떤 경우이건 유의할 점은 문단의 기능이 정해짐에 따라서 문단의 논지와 구성 등이 정해진다는 사실이다.

Principle B-3 모든 문단은 글 전체의 논지를 세우는 데 협력한다.

Tutorial B-3 각 문단이 전체 글 속에서 특정한 기능을 수행한다는 말은 문단과 문단 사이의 유기적인 '협력 관계' 가 성립한다는 말이다.

문단들은 무엇을 위해 '협력' 하는가? 그것은 글 전체의 논지를 가능한 한 확고히 세우기 위한 협력이다. 모든 글은 다루는 논제에 대한 논지를 담고 있다. 이것은 아무리 복잡한 글이라고 해도, 결국 '(논제) X는 (논지) Y 하다' 는 형태로 요약될 수 있다. 이러한 핵심적인 주장은 첫 문단 첫 문장에 담기는 경우도 있으나 그렇지 않을 경우도—위의 Tutorial B-2의 "outline 1"이 보여주듯이—적지 않다.

각 문단의 소논지들의 상호협력 관계는 긴 글을 하나의 문단으로 요약하는 summary 작문을 해보면 명확히 드러난다. iBT TOEFL 등 작문시험에서 큰 비중을 차지하는 summary는 제시문 각 문단의 논지들만 뽑아내어 붙여놓으면 일단은 간편하게 해결될 수 있다는 말이다.

가령, Tutorial B-2의 outline 1은 여러 형태의 글로 구현될 수 있겠지만, 이것을 다시 간추려서 요약한다면 다시 이같은 이글의 '뼈대'가 드러날 것이다. 또한 이러한 '뼈대'를 구성하는 각 문단의 논지들을 모아 놓으면 그 자체가 하나의 문단이 된다. Tutorial B-2의 outline 1에 나온 문단 별 논지를 순서별로 모으면,

(a) A thirty-five year old man was killed at his Beverly Hills home. There were other similar cases both in the area and other parts of the country. We cannot rely on the police, nor is it possible to ban gun ownership. Private security companies are the only realistic solution.

35세 된 남자가 베벌리 힐스 자택에서 살해당했다. 그 지역 및 이 나라의 다른 곳에서도 유사한 사건들이 발생했다. 우리는 경찰에만 의지할 수 없고, 총기소유를 금지할 수도 없다. 보안전문 사기업이 유일한 현실적 대안이다.

이 문단을 구성하는 문장 사이에 '예상 질문'을 집어넣어보면 문단의 구성이 '대화적으로' 구성되었음을 확인할 수 있다.

(b) A thirty-five year old man was killed at his Beverly Hills home. (*So what? That's quite strange, isn't it?*)

> There were other similar cases both in the area and other parts of the country. (*Really? What's the police doing, then?*) We cannot rely on the police, nor is it possible to ban gun ownership. (*What then should we do? If so, we're in big trouble, aren't we?*) Private security companies are the only realistic solution.

이렇게 각 문단의 소논지를 추출해 놓아서 문단을 구성하면, 가장 표준적인 summary 문단의 형태가 된다. 이러한 summary 문단은 그 자체가 하나의 논리적으로 구성된 문단으로서 (b)처럼 '예상 질문'에 대한 답들임이 검증돼야 한다. 역으로 이러한 summary 문단의 문장 하나씩을 떼어서 논지로 삼아 각기 문단 하나씩으로 늘리면 긴 글이 나올 것이다.

이렇듯, 글은 각 문단별 주장들을 모아 놓으면 하나의 단일한 생각이 전개되는 구조가 된다. '문단'이 서로 '협력'해서 이러한 논리적인 연관성을 만들어내는 것이다. 하나의 주어진 글을 파악한다는 것은 결국 이와 같이 각 문단별 논지들이 한 개의 문단처럼 모여서 만들어내는 일관된 논리, 일관된 논지를 파악하는 것이다. 읽기 훈련 차원 및 summary 문제 대비를 할 때, 이와 같이, (1) 주어진 글의 각 문단별 논지를 파악한 후, (2) 그것들이 만들어내는 outline을 그려보고, (3) 이 outline을 하나의 '문단'으로 모아 놓은 형태로 환원시켜 보는 것이 도움이 된다.

역으로, 에세이를 쓸 때는, 같은 이치로, (1) 하나의 문단으로 모일 수 있는 생각들을 만든 후, (2) 그것에 의거해 outline을 만들고, (3) 이 outline에 의거해서 문단을 하나씩 만들어 가는 과정을 밟아야만 논리적으로 일관된 글을 만들어 낼 수 있는 것이다.

C 글의 성격과 효과

Principle C-1 글 전체를 구성하는 문단의 연결방식은 글의 목적에 따라 달라진다.

Tutorial C-1 모든 글은 하나의 communication(의사전달, 의사소통) 행위이다. 모든 communication 행위는 말하는 사람이 다른 사람에게 어떤 의미를 전달하는 과정이다. 따라서 가능한 한 효율적으로 의미를 전달하고자 하는 것이 글 쓰는 이의 목표가 된다.

효율적인 의미 전달은 하나의 '수사법'(rhetoric)의 문제로, 논리적으로 서로 연관된 생각들로 글을 구성하는 것도 결국 의미전달의 효과를 극대화하기 위한 '수사적' 전략의 일환이다. 실제로 논리는 수사적 효과를 얻는 데, 즉 의미 전달의 성공여부에 가장 큰 요인이라고 할 수 있다. 아무리 멋진 표현을 많이 사용한다고 해도 논리가 불분명하면 그 글은 설득력이 없다. 모든 글의 공통된 목적은 가능한 한 설득력이 큰 글이 되는 것이다. 이를 위해서 절대적으로 중요한 요소는 논리적 구성이다.

어떤 글이 논리적으로 구성됐다면 위의 B-3에서 검토한 summary 문단, 즉 하나의 문단으로 요약되는 글의 윤곽의 형태로 추려질 것이다. 그리고 이러한 글 전체의 논지를 전개시키는 논리적 구조는 하나의 문단으로 구성되기 때문에 글의 목적에 따라, 즉 B-1에서 제시한대로, 어떤 논지를 주장하는가에 따라 달라질 것이고, 이에 따라 문단의 구성과 상호관계도 달라질 것이다.

위의 Tutorial B-2의 "outline 1"을 다른 논지를 위한 구도로 변경해 보자. 첫째로, '현대 미국 사회는 야만상태로 퇴화하고 있다'는 철학적인 논지를 편다면,

(outline 2)

paragraph 1: A thirty-five year old man was killed at his Beverly Hills home. 35세 된 남자가 베벌리 힐스 자택에서 살해당했다.

paragraph 2: There were other similar cases both in the area and other parts of the country.
그 지역 및 이 나라의 다른 곳에서도 유사한 사건들이 발생했다.

> paragraph 3: We cannot rely on the police, nor is it possible to ban gun ownership.
> 우리는 경찰에만 의지할 수 없고, 총기소유를 금지할 수도 없다.
>
> paragraph 4: This shows how American society is receding into barbarism, despite the advance of material civilization.
> 이것은 물질문명의 발전에도 불구하고 미국사회가 야만상태로 퇴행하고 있음을 보여준다.

이 될 것이다. 첫째, 둘째, 셋째 문단은 모두 Tutorial B-2의 outline 1과 같으나 마지막 문단은 다른 결론을 담고 있다. 또한 사이사이에 등장하는 예상질문도 outline 1과 같다.

둘째로, 사설 보안회사를 지지하는 것도 아니요, 문명비판을 하는 것도 아닌 논지인, '경찰력을 보강해야 한다'는 주장을 논지로 취한다고 할 때 글의 구성, 즉 문단별 논지, 그리고 전체 구성을 유도하는 예상 질문은 모두 달라질 것이다. 예를 들면,

> (outline 3)
> paragraph 1: People are frequently being killed at their home. 사람들이 집에서 살해당하고 있는 일이 빈번하다.
>
> *Why is that happening?* 왜 그런 일이 일어나는 거야?

paragraph 2: This shows how the police is not doing its job properly. 이걸 보면 경찰이 제 역할을 못한다는 것을 알 수 있다.

How come? 어째서?

paragraph 3: It is because of the budget cuts by the Republican Party. 그 이유는 공화당이 예산을 삭감했기 때문이다.

What shall we do, then? 그럼 어떡하지?

paragraph 4: We have to increase the budget to ensure better public safety service.
우리는 보다 나은 치안을 보장하기 위해 예산을 늘려야 한다.

이 될 수 있을 텐데, 이 경우에 논의의 발단이 된 35세 남자의 살해 사건은 첫째 문단의 논지를 예시하는 정도로 축소되고, 기타 다른 살인사건들도 첨가될 것이다. 반면에 경찰력이 이 글의 논제이기 때문에 나머지 문단은 모두 경찰에 관련된 논지를 전개하고 있으며, 원래 글에서는 등장하지 않은 문제들, 예컨대 신자유주의적 정책을 펴며 예산을 삭감한 공화당 정부에 대한 비판이 들어간다.

반대로 outline 1 식으로 글을 쓸 경우, 글의 목적, 즉 논지가 사설 보안 회사를 추천하는 것이기 때문에 독자에게 '겁을 줄수록' 좋으므로 첫 두 문단에서 가능한 한 '무시무시한' 사건들을 나열하는 것이 중요하고, 이것은 문명비판 논지를 택한 outline 2도 마찬가지다. 이렇듯 모든 글은 '전략적' 판단의 결과물이어야 한다.

Principle C-2 글의 목적은 저자와 독자의 관계에 의해 결정된다.

Tutorial C-2 모든 글이 communication 행위이고, 모든 communication 행위는 의사전달을 목적으로 하지만 그 외에도 다른 목적들을 동시에 노린다.

예를 들어, 지방에 계신 부모님께 송금을 부탁하는 편지를 쓰는 대학생은 돈이 왜 필요한지를 논리적으로 설득해야 하지만, 동시에 부모자식 간의 관계를 확인하고 돈독히 하는 효과도 노려야 한다. 반대로, 똑같이 돈을 보내달라는 요청을 담은 편지라고 해도 빚 독촉을 하는 사무적인 편지라면 어느 정도 '협박'을 담는 것이 중요할 것이다. 결국 글이 communication 행위이기에 '누가 누구에게 왜' 글을 통해 의사를 전달하는지, 즉 그 communication의 '상황'이 문제가 된다. 또한 이것이 글의 구성은 물론이요 글에 사용되는 언어들의 성격을 규정한다.

글의 communication '상황'이란 글 쓰는 이의 의도와 쓰는 사람과 읽는 사람의 관계에 따라 천차만별이다. 가령 상대방에게 부탁을 하는 편지와 누구의 글을 반박하고 공격하는 글, 불특정 다수에게 어떤 상품의 미덕을 알리려 쓰는 광고 글, 아니면 순전히 자기 자신의 메모를 위해서 쓰는 일기, 모두 글의 communication '상황'이 다르다. 또한 이에 따른 실제 글의 구성 양태, 어휘의 종류 등도 조금씩 다를 것이다. 이 책에서는 가장 일반적인 communication '상황' 즉, 대학 수준의 교양에 해당되는 사실 소개 및 논평을 담은 글을 전문가가 비전문가에게 전달하는 형식을 염두에 두고 있다. 이것이 신문 등 정보 매체라든지 iBT TOEFL 등 각종 작문 시험이라든지, 사업상의 의사소통에 동원되는 서한이나 문서 등에 모두 골고루 적용되는 communication 상황이기 때문이다.

'전문가가 비전문가에게 쓰는' 상황이 가장 전형적인 이유는 상대방에게 사실을 정확히, 또한 논리정연하게 전달하는 게 이러한 글의 목적이고 이 점에서는 다른 '상황'들도 마찬가지이기 때문에다. '누가 누구에게 왜' 공식에 맞춘다면, '전문가가 비전문가에게 사실을 전달하러' 쓴 글들인 것이다. 이러한 communication 상황에 따라 글의 전반적인 구성과 사용되는 언어들이 결정된다.

예를 들어, 전문가가 다른 전문가에게 쓰는 글인 경우, 전문가끼리 아는 전문용어들이 많이 등장할 것이고, 어떤 '사실의 전달' 외에도, 여러 전문가들의 다른 의견과 견해를 알고 있다는 것과, 그리고 자신의 논지가 이 의견들과 어떤 관계를 갖는지(지지, 반대 여부)를 밝히는 일이 필요할 것이다. 반대로 비전문가가 비전문적인 글을 쓸 경우에는 다루는 논제도 평이한 일상적 소재로 국한될 것이고, 사용되는 언어에 있어서도 주로 일상적인 어휘들이 대종을 이룰 것이다.

전문가가 비전문가에게 쓰는 글들은 어느 정도의 전문용어가 등장하지만 여기에 대한 심도 있는 논쟁이나 견해들보다는 사실전달에 초점을 맞춘다. 또한 사용되는 어휘도 어려운 전문 용어와 일상적인 비전문적 어휘들을 적절히 뒤섞어 놓아서 비전문가가 읽어도 이해할 수 있도록 돼 있을 것이다. 글의 구성에 있어서도, 소개하는 논제를 유형별로 세분한 소논제(sub topic) 위주로 문단이 전개되고, 어떤 입장을 표명하거나 지지하는 논쟁적인 논지는 별로 볼 수 없을 것이다. 다시 말해서,

paragraph 1: main topic 소개
paragraph 2: main topic의 유형, 예, 근거로서 sub-topic 1
paragraph 3: sub-topic 2
paragraph 4: sub-topic 3
…

아니면 아예,

paragraph 1: sub-topic 1
paragraph 2: sub-topic 2
paragraph 3: sub-topic 3
…

로 전개되는 이런 글들에는, '그러니 이렇다/이렇게 하자' 식의 '결

론'은 등장하지 않는 경우가 많다. 따라서 수사적으로나 논리적으로나 읽거나 쓰기에 그렇게 어려운 글들은 아닌 것이다. 이런 류의 글을 이해하거나 지을 때 가장 중요한 것은 논제를 분명히 해두는 것이며, 이 논제에 대한 사실판단(factual judgement)의 형태를 띠는 논지를 문단별로 배분하는 것이다.

그러나 대부분의 글쓰기 과제에 있어서는 이러한 사실판단에만 머무는 것이 아니라 자신의 의견이나 판단을 적극적으로 개진하는 단계로 나아가지 않을 수 없다. 따라서 communication 상황은 좀 더 복잡해진다. 예를 들어, '총기 소지를 금지해야 하는가 말 것인가'가 논제라고 할 때, 무조건 한 가지 입장만을 단순하게 택한다면 긴 글을 써 나가기도 어려울 것이며, 언어도 매우 조야해 질 것이다. 가령 TOEFL iBT Writing의 Communication 상황에 있어서 '누가 누구에게 왜?'를 묻는다면, 그 답은 '약간의 전문지식을 갖춘 비전문가가 자신과 비슷한 수준의 독자에게 자신의 유식함을 과시하고 자신의 의견이 균형 잡혀 있는 것임을 보여주기 위해서'이므로, 사뭇 복잡하게 설명해야 할 것이다. 이 문제는 다음 장에서 본격적으로 다루기로 하자.

Principle C-3 저자의 태도와 입장에 따라 글의 전반적인 성격이 달라진다.

Tutorial C-3 모든 글은 communication 행위로서 특정 communication 상황을 전제로 하고 있다는 말은 결국 글이 저자와 독자의 관계를 설정하는 방법이 된다는 말이다.

부모님께 보내는 편지는 그 편지로 인해 만들어지는 관계가 있고, 빚 독촉하는 (예를 들면 '살벌한' 사채업자) 편지는 그것대로 또한 만드는 관계가 있다. 이런 관계에 따라서 모든 글들은 일정한 '어조'(tone)를 만들어낸다. 친밀한 관계라면 친밀한 어조가 사적인 말들을 통해서 드러날 것이며, 딱딱한 관계라면 딱딱한 어조가 공적인 말들을 통해서 드러날 것이다.

글의 어조 내지는 말투는 이처럼 저자의 독자에 대한 태도가 일차적으로 결정하지만, 그 외에도 다루는 논제에 대한 저자의 태도도 중요한 결정 요인이다. 즉, 어떤 문제를 심각하게 다룬다면 그런 분위기를 만들어내는 심각한 단어들이 나와야 할 것이고, 그것을 우습게보거나 비아냥거린다면 또 거기에 맞는 단어나 표현들이 등장할 것이다.

우리말로 글을 쓸 때도 적절한 단어로 유려한 어조를 만들어내는 일은 쉽지 않다. 하물며 영어로 쓸 때야 더 말할 것 있겠나. 중요한 것은 어떤 글의 어조가 일관돼야 한다는 점이다. 이는 일반적으로 지나치게 구어적인 표현이나 무례한 말들을 자제하면 일단 성공할 가능성이 크다. 가령,

> "you guys" 같은 구어체를 자제하거나,
> 가급적 "I think", "I believe", "I feel"을 쓰지 않는 것,
> 회화에서 많이 쓰는 "and", "so"를 통한 연결을 피하는 것.

> 대명사 지시 관계를 명확히 하는 것

등이 일단 formal written English의 기본 어조를 유지하는 규칙들이라고 생각하면 된다.

실제로 많은 경우 학생들의 작문을 보면, 용법을 정확히 모르는 상태에서 한영사전에만 의존해서 작문을 하다보니 어조를 망치는 단어나 표현들을 쓰는 일들을 자주 보게 된다. 가장 비근한 예로는 친근한 사이에서나 쓸 표현들을 심각한 어조를 사용해야 하는 '전문적인' 글에다 집어넣는 경우이다. 이 문제는 위의 A-2에서 개별 문단 차원에서 이미 다뤘으므로, 여기서는 글 전체에 있어서, 즉 여러 문단이 연결될 때도 어휘와 표현은 '유유상종'의 원칙을 지켜야 한다는 점을 강조하자.

결론적으로, 문단은 생각의 단위이다. 각 문단은 한 가지 '화제'에 대한 대화를 옮겨놓은 것으로 이해하는 게 좋다. 즉, 자신에게 질문과 반문을 계속하는 '타인'을 가정하고 문단을 구성하는 문장을 하나씩 써 내려가면 된다. 이러한 '대화'의 과정을 전제하고 자신의 생각, 즉 논지를 전개하는 것이 문단 짓기의 원리이다. 이러한 원리는 문단이 여럿 모일 때도 마찬가지이다. 전체 글의 논지를 각 문단이 가능한 한 효율적으로 전개하는 데 도움을 줘야 한다. 개별 문단이 '대화'의 과정이듯, 전체 글도 문단 내에서, 또 문단 간에 진행되는 대화의 과정으로 이해하면 큰 도움이 된다는 사실을 체험하게 될 것이다.

PART. 3

에세이

A 논제(topic)과 논지(thesis)
B Exposition
C Argument

지금까지 우리는 문장과 문단의 구성 원리에 대하여 살펴보았다. 또한 문단과 문단이 연결되는 기본 구도에 대해서도 부분적으로 살펴보았다. 여기까지 왔으면, 이제 한편의 에세이를 쓸 준비는 다 된 셈이다. 물론, 앞 장까지 이 책을 읽었다고 해서 영어로 글을 잘 쓸 준비가 자동적으로 되었을 리는 없다. 영어 단어를 충분히 알고 있어야 하고, 또한 좋은 영어 문장과 영어 문단을 많이 읽었어야만, 자신도 좋은 문장과 좋은 문단을 지을 수 있다. 이 점에는 일체 이론의 여지가 없다. 이런 능력을 어찌 하루아침에 갖출 수 있으리! 영어작문 실력을 늘리는 과정은 단어 하나, 문장 하나, 문단 하나를 두고 각자가 씨름하며 연마하는 지속적인 과정과 다름 아니다. 다시 강조하건대 이 책은(아니, 그 어떤 영작문 책도) 영어로 글을 잘 써 보려고 이미 상당한 노력을 하고 있는 사람에게 보다 효율적이고 정확한 '길'을 제시하는 역할을 할 수 있을 뿐이다.

작문은 일단 문장 차원에서 정확한 뜻을 전달하는 것이 가장 기본적인 과제이며, 가장 높은 단계에 이르러도 좋은 문장을 잘 쓰는 역량으로 검증되기 마련이다. 이를 위해서는 먼저 문법적으로 하자가 없는 문장들을 써야 할 것이니, 앞의 1장 '문장' 편의 모든 Principle과 Tutorial은 모두 좋은 에세이를 쓰는 데 필수적인 요소이다. 또한, 그 다음 단계에서 작문은 하나의 글을 구성해 내는 행위이고, 글은 문단으로 구성되는 것이기에, 2장 '문단' 편의 모든 Principle과 Tutorial도 예외 없이 에세이 쓰기의 필수적인 요소이다. 이렇듯 작문은 한 사람의 종합적인 외국어 능력은 물론이요 기본적인 사고력을 정확히 진단할 수 있는 결정적인 증거이기에, 글쓴이의 교육 정도와 지적 수준을 가늠하는 가장 정확하고 객관적인 평가 자료이다.

자신이 갖고 있는 능력이 적나라하게 드러나는 외국어 글쓰기는 늘 두려운 법이다. 아무리 잘 쓴 글이라도 기초적인 문법이나 철자가 틀린 게 눈에 띄면, 그런 글을 쓴 사람의 품격은 떨어질 수밖에 없다. 또한 유려한 문장이 등장하지만 문단의 구성이 느슨하다면, 역시 그러한 글을 쓰는 사람의 지적인 능력에 대해서는 의심을 하게 된다. 4지 선다 시험이야 눈치로 '찍어서' 맞추는 게 가능하다지만, 백지(또는 빈 모니터)를 조금씩 채워가는 작문 시험은 오로지 실력이 없으면 해결할 수 없다. 또 사업상 외국인과 의사소통을 할 때도 얼굴을 보고 대화를 할 때야 어법이 틀리고 어휘가 부정확해도 눈치와 표정, 또 여러 정황 등으로 얼마든지 뜻을 전달할 수 있다. 하지만 이메일이나 기타 문서로 상대방에게 자신의 뜻을 전달할 때는 약간의 실수나 애매함으로도 크나큰 손실을 초래할 수 있다. 글은 말보다 훨씬 더 중요하고, 더 심각하고, 뭣보다도 훨씬 더 치명적이다.

그런데, 영어작문은 영어 실력 이전에 논리적 사고력의 문제이기도 하다. 글을 쓰는 것은 생각을 정리해 전개하는 행위이자 과정이다. 생각을 전개하는 일 그 자체는 어떤 언어를 사용하는지 여부와 상관이 없다. 예를 들어 '영어로 생각'을 하는 것과 한국어로 생각을 하는 것은 논리적으로 볼 때 차이가 없는 것이다. 같은 이유로 한국어로 생각을 잘 정리해서 글을 쓰지 못하는 한국인이 영어를 아무리 열심히 익혔다고 해서 좋은 영어 작문을 할 리는 없다. 멋진 숙어 몇 개 쓰는 것이 작문(composition)이 아니기 때문이다.

따라서 이 장에서는 일반적으로 생각을 논리적으로 전개하는 단계에서 출발하여 영어로 그러한 생각을 표현하고 정리하는 특수한 단계로 나아갈 것이다. 순서는 다음과 같다.

  A. 논제(topic)과 논지(thesis)
  B. Exposition
  C. Argument

A 논제(topic)와 논지(thesis)

Principle A-1 모든 글은 한 가지 중심적인 논제(topic)를 다룬다.

Tutorial A-1 논제(topic)는 대화로 치자면 화제이다(Part 2장 A-1 참조).
모든 대화는 '어떤 것에 대한' 대화이듯이, 모든 글은 '어떤 것에 대한' 글이다. 논제가 분산되어 있거나 오락가락 하는 글은 있을 수 있어도, 논제가 없는 글은 없다. 정신이 없는 사람은 대화를 할 때 화제가 오락가락 한다. 마찬가지로 잘못 쓴 글은 논제에서 벗어나거나 다른 논제로 가버리는 경우가 종종 있다. iBT TOEFL 등의 영어 에세이 시험의 경우, 논제는 주어진다. 첫 번째로 주의할 점은 이 논제를 어떤 일이 있어도 벗어나지 않는 것이다.

예를 들면 '청소년 범죄'라는 논제가 주어졌다고 치자. 논제에서 벗어나지 않겠다고, 여기에 대한 글의 모든 문장을 '청소년 범죄'를 주어로 시작할 수는 없다. 실제로는 이와 연관된 여러 문제들을 주어로 채택한 문장들이 모여서 하나의 글을 이룰 것이다. 문제는 어떤 식으로 이들 문장이 연결되느냐에 달려 있다. 모든 문장을 '청소년 범죄'로 시작할 수 없다고 해도, 일단 여기에 관련된 명사들이 지속적으로 나와야 한다는 것을 상식적으로 생각할 수 있다. '청소년', '범죄' 같은 개념 외에, '강도', '처벌', '경찰', '부모', '선도', '가해자', '피해자' 등의 말들이 이 논제와 연관된 말들일 것이다. 논제와 관련 없는 말에 대한 언급을 피하는 것, 이것이 첫 번째로 유의할 점이다. 이것은 어떤 언어로 작문을 하건 마찬가지로 가장 기본적인 사실이다.

Principle A-2 중심 논제(topic)에 대해서는 중심 논지(thesis)가 분명해야 한다.

Tutorial A-2 논제(topic)는 그 자체로는 아무런 생각을 담고 있지 않다. 말하자면 '별 말이 없는' 상태에 머물고 있는 것이다. 논제가 하나의 '생각'으로 전환되려면 그것이 '논지'(thesis)의 형태로 발전해야 한다.

논지(thesis)는 논제(topic)를 주어로 택한 하나의 문장으로 요약된다. 즉, 'X는 Y이다'라는 기본 형태가 돼야 한다는 것이다. 논제 X에 대해 Y라는 생각을 연결했을 때, 그것은 '논지'가 된다. 하나의 글은 바로 이 중심 '논지'를 전개하기 위해 존재하는 '생각의 단위'이다.

물론 보기에 따라서는 '논지'가 없는 글도 있다고 생각할 수 있다. 단순한 사실을 전달하는 글, 예를 들면 짧은 신문 기사가 그런 경우일 것이다. 하지만 이때도 논지는 분명히 존재한다. 하지만 이것은 엄밀히 따지면 '글'이라고 하기 어려운 특수한 산문의 예에 불과하다.

> "어제 X에서 Y가 Z를 했습니다. 목격자들은 Y가 17세 정도 되는 남자라고 했습니다."

이렇게만 말을 하고 기사가 끝났다면 이것은 하나의 '글'의 형태로 발전하지 못한 파편에 불과하다. 이 파편을 가지고서 하나의 글을 만들려면 예를 들어 '청소년 범죄는 매우 심각하다'는 주장을 중심 논지로 택한 후, 이것을 입증하는 예로 이 정보를 사용할 것이다.

중심 논지가 없는 글이 없다는 말은 하나의 글이 만들어지는 데 중심적인 생각이 필수적이라는 말이다. 중심 논지가 없으면 애초에 백지를 채워나가는 것 자체가 불가능하다. 또한 한 논제에 관련된 여러 개념들을 적절히 연결하기도 쉽지 않다. '청소년 범죄'라는 논제와 연관된 논제들인 '강도', '처벌', '경찰', '부모', '선도', '가해자', '피해자' 등의 개념들을 모두 포함시켜서 글을 짓는다고 치자. 그런데 이것들을 어떤 순서로 연결해 놓을 것인가? 그 순서는 오직 중심 논지가 섰을 때만이 얻어질 수 있다.

'청소년 범죄는 매우 심각하다'는 논지에 의거해 글을 쓸 때 생각이 글로 전개되는 순서는 예컨대 아래와 같이 될 수 있다. 보다 분명한 예시를 위해 중심 논제 및 관련된 개념들을 진하게 표시했다.

> (1) **청소년 범죄**는 매우 심각하다.
> (2) 바로 어제도 X라는 장소에서 Y라는 17세짜리 청소년이 **강도행위**를 했다는 것이 신문에 보도됐다.
> (3) 이런 사건은 청소년 범죄가 단순히 선도의 차원에서 해결될 수 없음을 보여준다.
> (4) 또한 이미 신체적으로 장성한 이들 청소년들의 행위에 대한 책임을 **부모**에게만 물을 수도 없는 노릇이다.
> (5) **피해자**의 입장에서 보면 **가해자**의 나이는 전혀 중요하지 않고 오직 피해의 정도만이 문제가 된다.
> (6) 따라서 강력한 **경찰**의 치안유지와 준엄한 **처벌**만이 청소년 범죄를 막을 수 있다.

이처럼, 어떤 글은 필히 중심 논제(topic)에 관련된 개념들을 모아 놓은 형태여야 한다. 이때 관련된 개념들을 한데 모아두는 '접착제'는 중심 논지(thesis)이다. 바로 이런 연유에서 영어로는 글을 짓는 행위를 여러 개를 모아서 배합한다는 의미에서 "composition"이라고 하는 것이다.

Principle A-3 논지는 '정답'이 아니라 '풀이과정'이다.

Tutorial A-3 논지는 하나의 생각을 담고 있다. 그런데 이 한 가지 생각이 '전개' 된다는 것은 다른 생각으로 분할, 변화, 발전한다는 것을 의미한다.

주지하다시피, 1+1=2라는 것, 3각형의 변이 3개라는 것, 이러한 명백하고도 뻔한 결론을 '증명' 하는 풀이과정을 생각해 내는 데서 수학이 발전했다. 같은 문화, 같은 시대에 논리학이 태동했고 이러한 논리학이 오늘날 서양의 작문/글짓기의 기본을 이루고 있다. 수학에서 '풀이과정' 이 없이는 답을 얻을 수 없고 그러한 답은 신뢰할 수 없다. 글쓰기에서도 마찬가지이다. 아무리 자기에게는 분명한 결론이라고 해도, 그것 하나만을 선언하고 만다면, 누가 그 주장에 귀 기울이겠나? 아니, 애초에 백지를 채울 수도 없지 않겠나. 자신이 생각하기에는 누구나 수긍할 것 같은 문장 하나를 써놓고 글을 끝내는 것은 애초에 '글' 로 인정조차 되지 않는 것이 고대 희랍 이후 서양을 지배해온 규범이다.

아직 이러한 논리적인 '풀이과정' 에 민감해지기 이전, 즉 소크라테스 이전 시대의 철인인 파르메니데스(Parmenides)는 '존재는 있는 것이고, 없는 것은/없음은 존재하지 않는다' 라는 사뭇 명백한 주장을 몇 개의 시적인 문장 속에 남겨놓았다. 반면에 플라톤은 파르메니데스의 이름을 딴 『파르메니데스』란 저서에서 이 명제의 옳고 그름을 따져보는 가상의 토론 과정을 재구성해 놓다 보니 그 자체가 책 한 권이 되고 말았다. 왜 플라톤은 컴퓨터도 없던 그 시절에 그토록 힘들고 수고스러운 '풀이과정' 을 추적하는 데 진력했을까? 파르메니데스처럼 멋진 명제만 몇 개 던질 줄 몰라서? 전혀 그렇지 않다. 멋진 문장 만들기라면 플라톤도 전혀 빠지지 않는다. 플라톤에게 생각이란, 논리란, 글이란 이러한 '생각의 과정'을 보여주는 것과 다르지 않았기 때문이다. 오늘날 서양의 모든 글들, 심지어 간단한 이메일이나 영어 에세이 시험은 모두 플라톤의 후예들이다. 그 어떤 글도 예외 없이 멋진 문장에 담긴 멋진 생각 대신에 결론에 이르는 과정을 수고스럽게 풀어놓을 것을 요구하는 것이다.

생각의 '풀이 과정' 또는 전개, 발전과정을 흔히 '삼단논법'(syllogism)이라고 한다(앞의 Part 2 A-4 참조). 그러나 이것은 잘못 된 번역이다. 생각의 발전과정이 꼭 '3 단계'에 머물라는 법은 없다. 2 단계건 4 단계건 5 단계건, 중요한 것은 절차와 순서에 따라 하나씩 생각이 이어지고 누적되도록 하는 것이다. 중요한 것은 하나의 주장이 충분히 설명되거나 설득력 있는 다른 주장들로 뒷받침되는 것이다. '청소년 범죄자들을 엄격히 처벌해야 한다'는 것이 중심 논지라고 할 때, 가장 먼저 설명돼야 하는 것은 '왜?'에 대한 답변이다. 이 '왜?'에 대한 답변을 하다 보면 불가피하게 구체적인 사례나 상황을 논하지 않을 수 없게 된다(여기에 대해서는 앞의 Part 2 '문단'에서 A '문단의 구성' 참조).

이러한 구체화의 과정은 한 문장으로 포괄적으로 진술한 바를 여러 말로 다시 세분화하는 과정이기도 하다. 가령,

(1) 왜 하필이면 청소년 범죄자들인가?

라는 질문에 답하기 위해서는 청소년 범죄의 빈도나 심각성을 보여주지 않을 수 없을 것이다. 중요하지도 않은 문제를 굳이 다룰 이유가 없기 때문이다.

또한,

(2) 왜 청소년들이 범죄 하는가?

라는 근본적인 질문도 제기되지 말라는 법이 없으므로, 여기에 대해서도 대비를 해야 할 것이다. '청소년들의 범죄가 사회의 탓이라고 해도, 처벌하지 않을 수 없다' 라는 결론을 도출하기 위해서는 특히 그러하다.

그리고, 무엇보다도

(3) 과연 엄격한 처벌이 청소년 범죄에 대한 최상의 대책인가?

라는 반론에 대비하려면, 통계자료 등의 든든한 근거를 제시하여, '청소년 범죄도 범죄이다' 라는 입장을 세울 수 있어야 할 것이다.

어떤 경우이건, 최소한 이 세 가지 질문에 대한 답변은 이 논지를 '결론' 으로 삼는 데 불가피한 '풀이과정' 이 될 것이다.

Principle A-4   논제는 '작고' 구체적일 수록 좋다

Tutorial A-4   한국인들이 영어 에세이 짓기에 있어서 가장 약한 부분은 (외국어 상의 어려움을 논외로 한다면) '논지' 쪽 보다는 '논제'라는 사실을 필자는 다년간 학생들의 영어 글쓰기를 지도하며 발견하였다.

결론이 불분명하거나 필자의 '입장'이 없는 글보다는 너무 포괄적이고 일반적인 논제를 다루기 때문에 뭔가 쓸모 있는 생각의 전개가 전혀 이루어지지 않은 경우가 많다. 가령 '청소년 범죄'란 논제를 주고 영어로 글을 써보라고 한다면, 대개 청소년 범죄에 대한 사회의 책임을 다루기보다는 '엄한 처벌'을 주장하는 쪽 논지를 택할 가능성이 크고, 이런 경우 다음과 같은 문단 구성을 할 법하다.

[4-1]
(문단 1의 주장)
오늘날 전세계적으로 청소년 범죄는 매우 심각해지고 있다. 우리나라도 예외가 아니다. 따라서 대책이 시급하다.

(문단 2의 주장)
청소년은 한 사회의 미래이다. 따라서 이들을 잘 선도하는 것은 매우 중요하다.

(문단 3의 주장)
청소년 범죄의 대상이 다른 청소년들이기에 청소년 범죄자들을 격

리, 처벌하는 것은 국가와 사회의 미래를 위해 매우 중요하다.

(문단 4의 주장)
청소년 범죄를 엄격히 처벌하여 보다 밝은 사회로 나아가자.

세계, 바람직한 미래, 밝은 사회 등 지극히 '바람직하긴 하나' 너무나 포괄적이고 추상적인 개념들이 한국인들의 한국어 작문이나 논술에서는 늘 넘쳐나기 마련이다. 또한 그것이 우리의 동양적인 사고방식에 맞는다.

영어로 글을 쓴다는 것은 어느 정도는 '영어식'으로, 즉 서구식으로, 플라톤 식으로 생각하는 사고방식의 변화를 함축한다. 그것이 꼭 동양적인 정서, 한국인의 정체성을 버리라는 말이 아니다. 영어로 외국인, 특히 서구인에게 뜻을 전달하기 위해서는 이들의 사고방식에 맞춰 '대화'를 하지 않을 수 없다는 말이다. 상대방은 테니스를 치자고 하는데, 혼자 배드민턴 룰을 고집할 수 없고, 권투 시합을 하는 판에 갑자기 태권도 발차기를 하면, 한국인의 위용은 과시할 수 있을지 몰라도 결코 '적'을 이기는 현명한 전략은 아닐 것이다.

같은 논제를 받아 서구인들이 글을 쓴다면, 같은 결론을 도출하기 위해서도 '바람직한 미래'나 '밝은 사회' 같은 보편적 가치 대신에, 위에 A-2에서 예시한 식의 구성을 통해 구체적인 근거를 찾는 데 주력할 것이다. A-2의 예시한 논리를 다시 살펴보자.

[4-2]
(1) 청소년 범죄는 매우 심각하다.
(2) 바로 어제도 X라는 장소에서 Y라는 17세짜리 청소년이 강도행위를 했다는 것이 신문에 보도됐다.
(3) 이런 사건은 청소년 범죄가 단순히 선도의 차원에서 해결될 수 없음을 보여준다.
(4) 또한 이미 신체적으로 장성한 이들 청소년들의 행위에 대한 책임을 부모에게만 물을 수도 없는 노릇이다.
(5) 피해자의 입장에서 보면 가해자의 나이는 전혀 중요하지 않고 오직 피해의 정도만이 문제가 된다.
(6) 따라서 강력한 경찰의 치안유지와 준엄한 처벌만이 청소년 범죄를 막을 수 있다.

여기에서 매우 핵심적인 연결 고리는 (2)번의 구체적인 사례이다. 이러한 '사건'의 구체성이 설득력을 얻는 데 매우 요긴하기 때문이다. 여기에 기초해서 (3), (4), (5) 등의 '풀이과정' 생각들을 주장할 수 있는 것이고, 이러한 '과정'이 있기에 (6)의 결론이 성립한다. '바람직한 미래'나 '밝은 사회' 같은 원대한 주제들과는 정반대 지점에서 지극히 수치스러운 구체적인 사건 하나를 찾아내어, 거기에서 하나씩 명제를 이끌어내는 이러한 과정이야말로 좋은 글쓰기, 특히 좋은 영어 글쓰기의 전형적인 모습인 것이다.

이를 위해서 애초에 (만약 제목까지 포함된 작문 과제라면) 제목부터 여

러 말로 세밀하게 풀어놓아 논제의 범위를 좁혀 놓는 게 좋다. 가령 [4-1]의 제목이

> 밝은 사회와 청소년 범죄

라고 한다면 [4-2]의 제목은 가령,

> X 사건이 보여준 청소년 범죄의 심각성과 그 대책

처럼 '말이 많아서' 시적인 함축성은 상실하지만 대신 구체성과 논리성을 획득한 표현을 쓰는 게 좋다. 아니면,

> 청소년 범죄의 심각성과 그 대책: 최근 X 사건을 중심으로

처럼 제목과 부제로 나누어, 제목에서는 일반적인 논제, 부제에서는 이 일반적인 논제를 '좁히고' 구체화한 범위를 명시하는 식으로 구성하는 것도 좋다.

이러한 두 문화권, 두 사고방식의 차이는 글의 제목 뿐 아니라 책 제목들에도 잘 나타난다. 동양 특히 한국에서 나온 책들은 즐겨 『○○론』이라는 보편성을 강조하는 형태인 반면 서양 책들의 제목은 일단 길고 구체적이다. 예를 들어 우리나라에서 『자본론』으로 번역되어 읽혀지는 Karl Marx의 저서의 원 제목은 "Theory of Capital"이 아니라

"Capital: A Critique of Political Economy"(굳이 말 그대로 옮기자면 '정치경제학 비판의 시각에서 다룬 자본의 문제')이다. J.S. Mill의 『자유론』은 또 어떠한가? 원제는 "On Liberty"이니, 그냥 '자유에 대하여' 정도가 정확한 번역일 것이다.

아무튼 영어로 글을 쓸 때 가장 먼저, 그리고 가장 끝까지 주의할 점은 논제의 구체화 및 세분화이다. 마치 수학 문제 풀 듯 생각의 과정을 소상히 보여줘야 하는 영어 글쓰기에서 가령 '청소년 범죄'란 논제를 그 자체로 다루려면 많은 지면이 필요할 것이다. '존재는 있다'라는 상식적인 논지를 입증하느라 책 한 권을 쓴 플라톤의 모범을 따라서 실제로 이 논제를 두툼한 책 한 권으로 다룬다 치자. 이 책을 무조건 써내려갈 수는 없는 노릇이니, 최소한 다음과 같은 목차가 불가피할 것이다.

청소년 범죄

1. '청소년' 개념의 정의
   a) 역사적인 선례
   b) 법률적 정의
   c) 의학적 논의

2. 청소년 범죄의 실상
   a) 국가별 통계
   b) 시대별 통계

c) 성별/연령별 통계
   d) 피해상황

3. 청소년 범죄 대책
   a) 선도
   b) 처벌

이러한 내용을 한 쪽짜리 에세이에 과연 구체적이고 논리적으로 담을 수 있겠는가? 그렇지 않다면 애초에 가능한 한 범위를 좁혀서 자신이 감당할 수 있는 만큼만 제한해서, 그 범위 내에서 단단한 논리와 구성을 해 내는 편이 훨씬 더 유리하지 않을까?

이 대목을 이렇듯 장황하게 설명한 것은 그만큼 필자의 경험상 논제를 '줄이는' 일에 한국인들은 매우 소극적이거나 미숙하기 때문이다. 어디 학생들뿐이랴? 국익이 오고 가는 회담장에서도 거창한 '명분'은 얻을지 모르나 구체적인 '실속'은 모두 미국에게 내주고 오는 일이 어디 한 두 번인가.

논제를 구체화하는 것, 세분화하는 것, '줄이는 일'은 그야말로 아무리 강조하고 또 강조해도 지나침이 없다. 이를 위해서 구체적 사실의 구체적 소개와 분석을 목적으로 하는 "exposition"을 먼저 다루기로 한다. 이러한 "exposition"은 영어 작문의 가장 기본이요 가장 전형적인 모습이다(가령 Harvard 대학에서 기초 작문 과정을 "Expo"라고 부른다). 동양에서는 글을 잘 쓰는 사람을 '문장가'라고 불러왔다. 동양에서는 기묘한 지혜를 속에 품고 있는 멋진 문장을 지어내는 게 글짓기의 본분이었기 때문이다. 하지만 서양에서는 글 쓰는 일을 "composition"이라고 부른다. 문장 하나가 문제가 아니라 여러 요소들을 잘 결합하여 짜 맞추는 것을 글의 업무로 보았기 때문이다. 이러한 "composition"의 전형적인 모습이 "exposition"이다. 누구나 글을 통해 어떤 주장을 전달하고자 한다. 이 점에서 모든 글은 하나의 입장을 개진하는 "argument"이다. 그러나 이러한 "argument"에 선행하는 것은, 얼마나 주장을 뒷받침하는 근거, 사실, 논리를 체계적으로 제시했는지 여부이다. 따라서 먼저 "exposition"을 살펴보고자 한다.

B Exposition

Principle B-1 모든 글은 논제에 대한 객관적 이해의 모습을 보여줘야 한다. 이것을 "exposition"이라고 한다.

Tutorial B-1 위의 'A-3'에서 밝힌 대로, 글, 특히 영어로 쓰는 글은 가능한 한 구체적이어야 한다.

글짓기란 논지의 구체화 과정에 다름 아니다. 구체화란 말은 자기 머릿속에 있는 막연한 생각, 즉 주어진 논제와 논지에 관련된 문제들을 하나씩 따져보며 각 측면들을 가능한 한 충분히, 그리고 적절한 순서에 맞게 풀어주는 과정을 의미한다.

왜 그런가? 그것은 글의 목적이 객관성, 내지는 객관성의 효과를 만들어 내는 데 있기 때문이다. 그런데 객관성의 효과는 어떻게 만들어 낼 수 있는가? 그것은 모든 사람들이 누구나 주어진 논제와 관련해서 생각하기 마련인 문제들을 골고루 다룰 때 얻어지는 것이다. '객관' 이란 말 그대로 '객', '남', '타인' 의 시각에서 본다는 말이다. 남들이, 나와 무관한 제 3자 타인이 생각하거나 관심을 가질 문제들을 골고루 다루지 않았다면 한 쪽에 치우진 글로 받아들여질 것이고, 이렇다면 소기의 성과를 얻기 어려울 것이다.

객관성의 효과를 얻는 일은 모든 글에서 중요하다. 중요한 비즈니스 계약을 성사시키기 위해, 가령 자신이 팔고자 하는 상품이나 서비스를 소개하는 글이라면 모든 구매자가 관심을 가질 만한 요소들을 골고루 설명하지 않으면 안 될 것이다. 자동차를 팔면서, 바퀴부터 인테리어까지 소상한 정보를 제공하지 않으면, 거래가 성사되기 어렵다. 또한 작문 시험의 경우에도, 주어진 언어나 시각 자료에 대한 요약 설명을 하거나, 에세이 형태 문제인 경우에도 'X는 Y이다' 또는 '누구는 X는 Y라고 하고 누구는 X는 Z라고 한다' 는 주장을 제시한 후 여기에 대해 글쓴이의 생각을 피력할 것을 요구한다. 이 때 화면에서 반짝거리는 빈 공간을 어떻게 채울 것인가? '나는 이렇게 생각한다' 는 주장을 담은 문장 하나 또는 그것을 몇 번 다른 말로 반복하는 것으로 과연 몇 줄이나 채울 수 있겠는가?

글을 쓰는 과정은 '풀이과정' 임을 다시금 강조하자. 주장을 담은 진술을 쓴 다음, 또는 쓰기 전에, 먼저 고민할 바는 주어진 논제와 관련된 사항들을 하나씩 따져보는 것이다. 이처럼 중심 논제(main topic)와 관련된 '소 논제'(sub-topic)들을 골고루 다루는 글쓰기 전략을 'exposi-tion' 또는 'expository prose'라고 한다.

실례를 들어보자. 위의 'Tutorial A-2'에서 '청소년 범죄'라는 논제가 대개 끌어들이는 관련 '소 논제'들을 예시하였었다. 같은 논제를 이번에는 구체적인 영어 글쓰기 과제를 염두에 두고 검토해 보자. 편의상 이것을 iBT TOEFL Writing의 에세이 문제로 가정하면, 이 시험은 응시생이 미국에서 공부할 학생들임을 전제로 하므로, 다음과 같이 미국 사회 관련 'sub-topic'들을 생각해 볼 수 있다.

> main topic: teenage crime 청소년 범죄
>
> sub-topic: gun control, peer pressure, violence in media, criminal justice, etc.
> 총기소지, 동급생간의 경쟁, 대중매체에서의 폭력, 형법 등

이 정도에서 글을 구상할 경우,

> (a)
>
> topic: teenage crime
>
> thesis: teenage crime is affected by a culture of violence
> 청소년 범죄는 폭력 문화의 영향을 받고 있다.
>
> paragraph 1: a case of teenage murder 청소년 범죄의 사례
>
> paragraph 2: violence in the media (TV, films, etc.)

TV, 영화 등 대중매체에서의 폭력

paragraph 3: problems with gun control law
총기소지관련 법들의 문제점

paragraph 4: need for regulations of media and gun
매체와 총기를 통제할 필요성

이와 같은 구도가 나올 것이다. 그리고 이대로 글을 충실히 구성해 놓으면 일단 백지는 채울 수 있을 것이다.

그러나 그대로는 그렇게 썩 좋은 글이 될 가능성은 희박하다. 왜 그럴까? 위의 A-4로 돌아가자. '청소년 범죄'는 아직도 너무나 광범위한 주제이다. 따라서 이를 좀 더 구체화하고 세분화하는 '논제 줄이기'를 먼저 고려할 일이다. 또한 '객관성의 효과'를 얻기 위해서도 문단 4개짜리의 제한된 짧은 글에서 가령 미디어의 폭력성을 얼마나 구체적으로 다룰 수 있을지도 미지수이다. 구체적인 사례 하나를 한 문단씩 분석해도 모자랄 형편에, 이렇게 뭉뚱그려 한 문단에 집어넣는다면 지극히 개괄적이고 일반적인 얘기밖에는 할 수 없다. 객관성의 효과는 구체성과 사실성을 통해 얻을 수 있다. 별 구체성이 없는 일반적인 주장은, 아무리 멋진 문장으로 그것을 표현했다 해고, 영어 글에서는 전혀 '약효'가 없기 때문이다.

따라서 아예 출발 시점부터 논제를 좀 더 세분화해 놓으면 좀 더 구체성 및 객관성을 많이 획득할 수 있다. 가령, "culture of violence"를 줄여서 "violence in film"에 국한시켜 놓는다고 치자. 그렇다면 이와 관련된 sub-topic들로 다음과 같은 구도를 만들 수 있을 것이다.

(b)

topic: teenage crime

thesis: teenage crime is affected by violent film
청소년 범죄는 폭력 영화의 영향을 받고 있다.

paragraph 1: a case of teenage murder 청소년 살인 사건의 한 예

paragraph 2: interview with the criminal 범인과의 인터뷰

paragraph 3: cases of violence in film 영화에서의 폭력의 사례

paragraph 4: need for regulations of media 매체를 규제할 필요성

주어진 논제가 청소년 범죄일 때, 이를 폭력적 영화와의 연관성에 국한해서 다루면서, 특히 문단 2에서 가령 범죄자가 영화의 영향을 받았다는 진술을 근거로 끌어낼 경우, 사실에 근거한 구체성 즉 객관성의 효과를 극대화하면서 "청소년 범죄는 폭력적인 문화의 영향을 받는다"는 글의 논지를, 이 글이 제시하는 사실들이 자연스럽게 '지원' 할 것이다. 말하자면 '남'이 '나의 말'을 '대신' 하게 해주는 것이야말로, ('남의 시각에서 본다'는 말 뜻 그대로) '객관성'의 최고 경지인 것이다.

Principle B-2 Exposition에 있어서 소 논제의 종류 및 배치 순서는 논지에 따라 결정된다.

Tutorial B-2 논제는 논지와 무관할 수 없음을 다시 한번 상기하자.

Part 2 '문단' 편, B. '문단의 기능'에서 우리는 글 전체의 논제에 따라 각 문단이 일정한 위치를 부여받고 일정한 기능을 수행하게 됨을 설명했다. 그런데 위의 'B-1'에서 살펴보았듯이 기본적으로 객관성을 추구해야 하는 영어 글, 특히 expository prose에 있어서 각 문단은 중심 논제를 세분화한 소 논제들을 축으로 구성됨을 보았다. 또한 위의 예에서 보았듯이, 소 논제들에 어떤 것들이 포함돼야 하고, 어떤 순서로 등장할 것인가는 오직 논지가 무엇인가, 즉 글쓴이가 하고자 하는 주장이 무엇인가에 따라 달라진다. 말하자면 한 논제에 대한 모든 글에 똑같이 해당되는 소 논제들의 구성이란 있을 수 없는 것이다.

바로 이런 점 때문에 iBT TOEFL 작문 등의 시험에 대비한답시고 수험서가 제시한 모범답안을 무조건 외우는 것은 실제로 별 실효도 없으려니와(어느 지점에서는 외운 부분을 잃어버리기 마련이므로) 결코 좋은 답이 될 수 없다. 무엇이든 정도를 걷는 것이 가장 가까운 길이라는 진리는 여기에도 어김없이 해당된다.

먼저 자신의 논지를 분명히 세우는 것이 중요하다. 그리고 그 논지를 세우는데 꼭 도움이 될 만한 사실들을 소 논제로 다루면 글이 성공할 기본 조건은 마련한 셈이다. 그 다음으로는 이 소 논제들이 등장하는 순서를, 역시 자신의 주장을 설득하는데 가장 유리한 쪽으로 배열하면 될 것이다. 이처럼 exposition이 추구하는 객관성은 절대적인 객관성이 아니라 자신의 주관적 판단을 돕는 상대적인 객관성이다. 말하자면 자신의 주장을 설득하기 위한 '객관성의 효과'를 내는 '전략적' 객관성으로 이해해야 한다.

이를 예시하기 위해 위의 'Tutorial B-1'의 두 예, (a)와 (b)로 돌아가자. 두 글의 논제나 논지는 크게 보면 같지만, (a)는 포괄적인 의미에서 "culture of violence"에 청소년 범죄를 연결하는 게 논지인 반면 (b)는 이러한 폭력 문화의 주범으로 영화를 지목해서 거기에 청소년 범죄를 연결하는 게 논지이다. 이러한 논지의 미세한 차이는 위의 B-1에서 봤듯이 실제 글의 구성에서는 큰 차이를 야기한다. 각 글의 문단에서 다룰 소 논제들의 내용 및 순서는 사뭇 달라지기 때문이다.

뿐만 아니라, (b)의 논지를 그대로 수용한다고 해도 꼭 (b)와 똑같은 소 논제들이 각 문단을 구성할 이유는 전혀 없다. 가령,

> (c)
>
> **thesis: teenage crime is affected by violent film**
> 청소년 범죄는 폭력 영화의 영향을 받고 있다.
>
> **paragraph 1: a case of teenage murder (or, statistics of teenage crime)** 청소년 살인 사건의 한 예 또는 청소년 범죄의 통계
>
> **paragraph 2: peer pressure as a cause of teenage violence** 청소년 범죄의 원인으로서 동급생간의 경쟁
>
> **paragraph 3: violence in media as a solution**
> 이에 대한 해결책으로서 매체의 폭력
>
> **paragraph 4: the case of film** 영화의 예들

paragraph 5: need for media regulation 매체 통제의 필요성

위의 B-1의 (b)는 청소년 범죄와 영화의 관련성을 범죄자의 진술에서 찾고 있는 반면, (c)는 이러한 범죄의 배경으로, 청소년들의 "peer pressure", 즉, 동료 간의 경쟁에서 오는 스트레스와 먼저 연결한다. 또한 (b)에서처럼 특정 범죄자의 진술에 의존하지 않기 때문에 근거가 되는 사실을 청소년 범죄의 증감이나 내용을 다룬 통계 자료로 삼을 수도 있을 것이다. paragraph 3에서는 이 글에서는 매우 중요한 문제로 부각된 "peer pressure"를 해결하는 방식으로 폭력을 택하게 되는 데는 대중매체가 폭력을 선동한 것이 큰 원인이라는 주장을 편다(말하자면, 가상의 현실에서 상대방을 간편하게 무찌르고 자신이 승리하는 환상을 즐기게 해주므로). 그리고 이것을 좀 더 부연하기 위해 별도의 paragraph 4로 대중매체 중 영화의 폭력성을 다룬다. 말하자면 범죄의 원인을 단순히 영화에서만 찾는 게 아니라, 학업 경쟁 등 청소년 문화에서도 찾기 때문에, 훨씬 더 다각적인 시각을 제시하고 있고, 따라서 보다 '객관적인' 효과를 얻는 글이 될 것이다.

이번에는 (c)의 두 번째 문단에서 소 논제로 다뤄진 "peer pressure"를 좀 더 구체화하여, 이 소 논제안의 소 논제인 교육의 문제를 끌어내어 보자. 그리하여, '청소년 범죄는 교육의 실패 때문이다' 라는 논지를 주장하는 글이라면, 다음과 같은 구도를 취할 수 있을 것이다.

(d)

thesis: teenage crime is due to failure in education
청소년 범죄는 교육의 실패 때문이다

paragraph 1: statistics of teenage crime 청소년 범죄에 대한 통계

paragraph 2: pressure to perform well 학업성취에 대한 압력

paragraph 3: bully and school violence 왕따와 학원 폭력

paragraph 4: lack of education in ethics 윤리교육의 부족

paragraph 5: school curriculum reform 교육과정 개혁

이 경우에는 청소년 범죄에 대해 학교에 책임을 묻고 있다. 따라서 (a), (b), (c)에서는 등장하지 않았던 소 논제인 '윤리 교육의 부족' 이라든지, "bully"(소위 '왕따') 등의 새로운 소 논제가 포함된다. 또한 글의 전개 순서도

> 통계자료 제시 → 그 원인으로서 학업성적에 대한 부담(peer pressure의 소 논제) → 이것이 야기한 학교 폭력 → 윤리 교육의 부재 → 이에 대한 해결책으로서 교육과정 개편

으로 이루어진다. 이 때 영화 등의 미디어의 악영향이라는 (b), (c)의 중심 논제는 paragraph 3, "bully and school violence" 속에 포함시켜서 부분적으로 다룰 수 있을 것이다. 아무튼, 이러한 소 논제들 속에서 자연스럽게 도출되는 결론은 학교 교육의 개혁이다. 이것을 마지막 문단에서 강조해 둔다.

어떤 식으로 구성하건, 논지(즉, '결론') 그 자체보다도, 논지를 뒷받침하는 글의 구성이 얼마나 관련 소 논제들을 충분히, 또한 적절히 다루고 있는지 여부에 따라 글의 성패와 수준을 가늠할 것이다. 멋진 표현보다는 사실과 논리를 통한 설득이야말로 가장 중요한 설득의 기법이라는 아리스토텔레스의 주장은 영어 글쓰기 세계의 절대적인 불문율이기 때문이다. 이것은 각 문단을 구성하는 문장에도 그대로 해당된다. 문장은 가능한 한 구체적인 예나 상황을 정확하게 기술하는 것이 중요하지, (우리말 글이라면 자연스러울) '해야 한다' 식의 당위론이나 원론적인 문장은 가능한 한 자제하는 것이 좋다.

Principle B-3 소위 '서론'과 '결론'은 간편할수록 좋다.

Tutorial B-3 한국인들이 영어로 글을 쓰려고 할 때 가장 걸림돌이 되는 선입견은 '서론–본론–결론'의 3단계 구도에 대한 맹신이다.

도대체 어디서 유래한지 모를 이 선입견을 깨는 것이 얼마나 어려운지늘 교육 현장에서 절감해온 필자는 일단 다음과 같은 처방을 적극 권한다.

> 서론과 결론이란 말은 아예 잊는 것이 좋다!

그렇다면 남는 것은 '본론' 뿐이다. 글이란 곧장 처음부터 '본론'으로 들어가고 '본론'이 확고해야 하고, '본론'에 '결론'이 담겨 있어야 한다는 말이다.

지금까지 살펴보았듯이, 영어 글의 기본적인 형태인 exposition은 주어진 논제와 관련된 객관적 문제들을 가능한 한 골고루 다루는 글쓰기 전략이므로 ('우리는 이 땅에 태어나서'나 '인간이란 본래' 등의 투로 시작되는) 장황한 서론이나 ('우리 모두 이렇게 합시다!'는 당위를 주장하는) 웅변적인 결론이 중요한 것이 아니다. 사실에 근거한 논지 전개인 exposition에 있어서는 첫째도 본론이요 둘째도 본론이요 셋째도 본론이다. 말하자면 오직 본론만 있는 글이라고 생각해도 좋다. 한국 학생들의 글쓰기 습성을 감안할 때, 그리고 한국어 글짓기의 일반적인 경향을 고려할 때, 이 점은 매우 분명히 강조해 둬야 할 필요가 있다. 학생들은 대개 거창한 서론을 쓰다가 지면을 다 허비하는가 하면, 논제를 제대로 분석해 놓지 못하고서도 강렬한 당위적 주장을 "should"나 "must"로 강조하고자 하는 일이 비일비재하기 때문이다.

그러나 이런 식의 글은 결코 좋은 영어 글이 아니다. 아무리 웅변적인 말투와 느낌표가 넘쳐나더라도, 영어를 읽는 독자에게는 사실과 논리가 없다면, 전혀 설득력이 없다. 오히려 흥분하는 글일수록 더 외면할 가능성이 크다. 그것이 영어권의 문화이자 심리이다. 서양 언어라고 다 그런 것도 아니다. 가령 독일어는 좀 더 추상적인 사유를 환영하고, 프랑스어는 멋진 표현 자체에 후한 점수를 준다. 하지만 영어는 다르다. 어찌 보면 지극히 메마른 언어가 영어인 것이다. 상인들과 변호사들의 언어 — 영어의 속성을 이렇게 파악할 필요가 있다. 셰익스피어 같은 뛰어난 작가들을 다수 배출한 언어가 영어이지만, 일단 영어는 전 세계를 지배한(또한, 하고 있는!) 장사꾼들의 언어이다.

오늘날 우리가 왜 영어 때문에 고생하는가? 영어가 특별히 더 심오한 사상을 담고 있는 언어이어서? 천만에! 영어가 유달리 멋진 표현을 가능하게 해주기 때문에? 더욱 더 천만에! 영어를 사용하는 영국인과 그들의 후예 미국인들이 보다 큰 이권과 보다 많은 이익을 쫓아 전 세계를 누비며 돌아다닌 역사 때문일 뿐이다.

장사꾼과 변호사들의 언어인 영어에서 객관적인 설득력이란 오직 세세히, 소위 우리말로 하면 (이미 부정적인 뉘앙스를 듬뿍 담은) '시시콜콜하게' 논제를 분석해 놓았을 때만이 얻을 수 있다는 사실을 절대로 잊으면 안 된다. 우리 한국문화는 포괄적이고 추상적이고 무엇보다도 유교 전통이 물려준 당위적 사유를 숭상한다. 이것은 자랑스러운 전통이자 한국문화의 핵심이기도 하다. 하지만 영어로 글을 쓸 때는 영어식 사고방식으로 글을 쓸 필요가 있다. 그래야만 '효과'를 낼 수 있기 때문이다. 영어 글쓰기를 배우는 것의 출발점은 단어 하나하나를 제대로 사용하는 것이지만, 궁극적으로는 이러한 문화적 차이를 인식하고 거기에 친숙해 지는 것이기도 하다.

자, 다시 구체적인 문제로 돌아오자. 일단, 첫 번째 문단을 지칭할 때 '서론'이라는 거창한 말부터 자제하고 그냥 "introduction"이라고 하자. 그런데, "introduction"이 무엇인가? 문자 그대로 '소개'하는 것이다. 그렇다면 첫 번째 문단에서 '소개' 할 것은 무엇인가? 자신이 다룰 논제와 논지이다. 즉, 'X는 Y이다' 는 "thesis statement"을 담으면 된다. 여기에 무슨 장황한 말이 필요 없다. 심지어 단 한 문장으로도 (물론 이것은 좋은 스타일은 아니지만) 얼마든지 '소개' 는 끝날 수 있다. 중요한 것은 그 다음 문단부터이기 때문이다.

음악을 좋아하는 독자들이라면, 글쓰기를 작곡에 비유해서 생각하면 좋다. 첫 번째 문단에서는 '주제' 를 소개한다. 예컨대 베토벤의 '운명' 교향곡의 유명한 주제처럼 아주 간단히 시작할 수 있다. 하지만 그 다음부터가 문제이다. 이 주제를 어떻게 전개할 것인가, 즉 주제의 '변주' 에 따라 음악의 성취도가 결정되는 것이다(영어에서 "composition"이 '작곡' 을 의미하는 것은 우연이 아니다). 다만 작곡과는 달리 글쓰기에서는 논제와 논지를 소개하기 위해서 이러한 논제를 논해야 할 중요성은 어느 정도 정당화하는 것이 좋다. '청소년 범죄' 를 다루려면 일단 청소년 범죄가 매우 심각한 문제임을 말해야 할 것이고, 그냥 말로만 하는 것이 부족하다 싶을 때는 구체적인 일화를 드는 방법도 있을 것이다. 위의 'Tutorial B-1'에 예시한 outline (a)의 첫 번째 문단이 바로 이런 기능을 하는 것이다.

또한 마지막 문단도 '결론' 이라는 거창한 말은 가능한 한 잊어버리는 것이 좋다. '결론' 이라는 말이 의미하는 것이 자신이 주장하는 바를 밝히는 것이라면 이것은 '논지' 와 같은 말이다. 그런데 논지란 맨 마지막 문단이 아니라 첫 번째 문단에서부터 분명히 제시할 수 있는 법이고, 모든 문단마다 끝없이 중심 논지가 보강되고 함축되도록 구성해야만 한다. 말하자면 '결론'은 처음부터, 그리고 지속적으로, 각 문단에 담겨 있어야 한다. 물론 마지막 문단이 중요하다. 하지만 그 과정이 더 중요한 것이다. 마지막 문단은 마치 수학 문제를 풀 때 최종 정답 ("따라서 $X = 3/4$" 따위)에 해당된다. 그 만큼 중요하지만 그 만큼 덜 중요하다. 식이 제대로 나와야 답이 나오는 것 아닌가?

서양 수사법에서는 마지막 문단을 화려하게 장식하는 것을 허용하기도 한다. 이것은 뒤에 C-5에서 다룰 소위 "peroration"이라는 것으로, 이것은 논지의 전개와 설득을 다 마친 후, 에필로그 격으로 붙는 '후기'의 성격에 가깝다. 예를 들어 청중이나 독자를 선동하기 위해 감성적인 표현을 많이 쓴다든지, 자신에 대한 변명을 한다든지, 하고는 싶었는데 딱히 본론에서 못한 말들이나 자신의 말재주를 과시하는, 음악적인 비유를 계속 든다면 협주곡의 악장 끝에서 독주자가 재주를 과시하는 '카덴차' 같은 것이다. 하지만 제한된 시간에 외국어로 허겁지겁 컴퓨터에 작문을 해 넣는 iBT TOEFL 수험생이나 분명한 의사 전달이 핵심인 비즈니스 편지를 쓰는 한국인이 이런 '기교 과시'를 할 일은 거의 없을 것이다.

C
Argument

Principle C-1 모든 글은 궁극적으로는 글쓴이의 생각, 즉 '논지'(thesis)를 표현한다. 즉, 글은 argument인 것이다.

Tutorial C-1 Exposition의 객관성은 설득을 위한 전략적 객관성이다.

위의 'B. Exposition'에서는 논지의 객관성을 확보하기 위해 논제를 소 논제로 세분화하는 방법을 살펴보았다. 그런데 iBT TOEFL Writing 같은 글쓰기 과제에서 요구하는 바는 단순히 주어진 논제에 대한 '리포트'를 작성하는 것이 아니라, 어떤 논제에 대한 자신의 '주장'을 펼칠 것을 요구한다. 'X는 Y이다'라는 생각에 대한 입장을 표명하라든지, 아니면 '누구는 X가 Y라고 하는데, 누구는 X가 Z라고 한다. 본인 생각은 어떤가?'를 묻는다. 즉 하나의 '논쟁', argument를 만들 것을 요구하는 것이다. 이것을 exposition으로만 본다면, X라는 논제와 관련된 소 논제(sub-topic)들을 하나씩 다뤄주면 일단 지면은 채울 수 있을 것이다. 그러나 시험 문제는 분명히 본인의 생각을 피력할 것을 요구한다. 그렇다면 어떻게 대응해야 하는가? 어려운 과제일수록 간단히 해결할 필요가 있다. 첫 번째로 생각할 것은 자신의 분명한 입장, 즉 논지를 택하는 것이다.

위의 'A-2'에서 모든 글은 논지가 있어야 함을, 그리고 'A-3'에서 이 논지에 의해 논제가 세분화됨을 설명했고 이를 B에서 예시했다. 여기서는 iBT TOEFL의 독특한 문제 유형을 염두에 두고(사실 이것은 다른 영어 작문 시험에서도 늘 볼 수 있는 보편적인 형태이다) 논지 선택의 문제를 다루기로 하자.

이미 주어진 하나의 주장, 또는 대립되는 두 주장이 있다고 할 때, 가능한 선택은 크게 보면 세 가지이다.

> 첫째, 문제에 주어진 주장(또는 주장 중 하나)에 동의할 때
> 둘째, 문제에 주어진 주장에 동의하지 않을 때
> 셋째, (대립되는 두 주장을 준 경우) 양자 모두에 동의하지 않을 때

첫 번째는 어떤 면에서 가장 쉬운 선택이라고 볼 수 있다. 주장에 동의함을 먼저 밝힌 후, 그것을 뒷받침할 소 논제들과 사실들을 적절히 (위의 B에서 하듯이) 배열하면 과제를 해결할 수 있기 때문이다. 두 번째

는 좀 더 어려운 길이기는 하나, 바로 그렇기 때문에 더 좋은 점수를 얻을 수 있을 것이다. 그러나 글을 전개하는 방식은 첫 번째와 크게 보면 마찬가지이다. 반대 의견을 밝힌 후, 그것을 뒷받침하는 소 논제와 사실들을 적절히 배열하면 되기 때문이다. 다만 이때는 최소한 문단들이 일부는 주어진 주장의 틀린 점을 보여주는 소 논제들과 일부는 자신의 주장, 또는 자신이 택한 주장을 뒷받침하는 소 논제들로 구분돼야 할 것이다. 세 번째는 가장 고차원적인 argument로, 주어진 문제 자체를 비판하는 것이므로(즉 두 가지가 모두 틀리고, 제 3의 주장이 옳다는 것이므로) 논제에 대한 폭넓은 지식이 전제된다. 그러나 이때도 일단 글의 전개 양상은 두 번째 유형의 변형이 될 수밖에 없다. 먼저 'X는 Y다'가 틀린 점을 지적하고, 다음에는 'X는 Z다'도 틀린 점을 지적하는데, 이 때 모두 소 논제와 사실들을 근거로 삼는다는 점은 전혀 다를 바 없다. 다만 양자를 모두 거부했다면 자신의 주장을 펼쳐야할 것인데, 이때부터 새롭게 근거를 대고 논제를 소 논제로 분해하는 것은 매우 장황한 작업이 된다. 특히 iBT TOEFL 같은 작문 시험에서는 주어진 시간이 제한돼 있기 때문에, 세 번째 유형으로 접근할 경우, 대개 결론은 각 입장이 절대적으로 옳지는 않다는 점을 보여준 후, '따라서 X는 Y이기도 하지만 Z이기도 하다'는 절충안으로 끝낼 수밖에 없을 것이다. 그리고 이를 위해서는 두 가지 주장의 장단점을 비교, 통합하는 과정이 필요할 것이다.

이들 각 유형별 outline을 간략히 예시하면 다음과 같다.

1. 첫 번째 유형: 문제에 주어진 주장에 동의할 때.

paragraph 1: introduction (introductory anecdote, thesis statement)

paragraph 2: exposition of sub-topic 1 supporting the thesis

paragraph 3: exposition of sub-topic 2 supporting the thesis

paragraph 4: exposition of sub-topic 3 (with closing thesis statement)

2. 두 번째 유형: 문제에 주어진 주장에 반대할 때.

paragraph 1: introduction (same as above)

paragraph 2: exposition of sub-topic 1 refuting the given thesis

paragraph 3: exposition of sub-topic 2 refuting the given thesis

paragraph 4: exposition of sub-topic 3 supporting your thesis

3. 세 번째 유형: 주어진 두 주장 모두 거부할 때

paragraph 1: introduction (without thesis statement)

paragraph 2: exposition of sub-topic 1 refuting the first thesis paragraph 3: exposition of sub-topic 1 refuting the second thesis

paragraph 4: synthesis of two theses (with statement of your thesis)

이것은 어디까지나 하나의 예에 불과하다. 실제 글은 얼마든지 다른 형태로 구성될 수 있을 것이다. 하지만 이 outline 유형들이 응용의 출발점은 될 수 있을 것이다.

Principle C-2 성공적인 argument에 있어서 객관적 사실의 제시, 즉 exposition은 가장 중요한 무기이다.

Tutorial C-2 위의 'A-3'과 'B. Exposition' 전체에 걸쳐 영어 글짓기에 있어서 구체성과 사실에 근거한 객관성의 중요성을 강조했다.

이것은 한국 학생들에게는 아무리 강조해도 모자랄 정도로 중요한 문제이다. iBT TOEFL Writing을 포함한 영어작문 과제 대부분은 어떤 주장에 대한 argument, 즉 논쟁을 벌이기를 요구한다. 논쟁은 주어진 주장이 옳거나 그르다는 것을 입증하는 과정이다. 이 때 주의할 점은 주장 그 자체를 아무리 멋진 말로 표현했다고 해도, 즉 논지가 어떤 내용이건, 또한 어떤 언어로 표현됐건, 그것을 입증하지 않는다면 argument는 성립하지 않는다는 것이다. 영어 글짓기에 임하는 자세는 예컨대 (미국 영화에 자주 나오는) 배심원 앞에 선 변호사 같아야 한다. 배심원은 가령 시험 답안을 읽는 (영어시험 주관사) ETS의 평가관들이거나, 비즈니스 서한이라면 한 푼이라도 돈을 아끼려 드는 장사꾼일 것이다. 이러한 '배심원'들은 한 많고 정 많은 한국 동포들이 아니라, 찔러도 피 한 방울 나올 것 같지 않은 냉랭한 미국인들이다. 인정에 호소하고, 감성에 호소하고, 보편적인 인륜도리에 호소하고, 공자를 불러내고, 예수를 거론한들, 아무 소용이 없다. 오직 철저히 사실과 사실에 근거한 syllogism만으로 승부를 할 때 이들을 설득할 수 있는 것이다.

이런 취지에서 위의 'Tutorial C-1'의 outline들은 paragraph 2 이하는 모두 "exposition of sub-topic …"임을 못을 박았다. 따라서 exposition과 argument는 근본적으로 다르지 않다. 논제와 관련된 객관적 사실을 골고루 다루는 것이 곧 논지를 입증하는 일이고, 논지를 입증하려면 관련된 소 논제들을 적절히 다뤄야 한다. 다만 여기서 덧붙여 강조할 것은, 나의 논지에 어떤 사실들이 유리하고, 어떤 사실들이 불리한가를 고려하여 선별적으로 소 논제들을 선택, 배열해야 한다는 점이다. 배심원 즉 외국인 독자나 평가관들을 설득하는 데 어떤 사실들이 꼭 필요하고, 어떤 사실들은 덜 필요한가, 이것을 생각해 내는 것이 글의 성패의 관건이 되는 것이다.

이것은 어떤 영어 단어, 어떤 영어 표현을 쓸 것인가를 고민하기 이전에 먼저 해결해야 하는 논리의 문제들이다. 이런 문제들을 해결하려면 평소에 논리적인 사유를 해야만 한다. 영화나 텔레비전을 보거나, 컴퓨터 게임을 하거나, 친구들과 수다를 떨면서 논리적 사유 능력을 키워보겠다는 것은 어불성설이다. 오직 논리적인 사유가 담긴 남의 글, 다른 사람의 책을 읽을 때 논리적 사유 훈련을 할 수 있다. 또한 주어진 논제에 관련된 소 논제들과 사실들을 알아야만 생각을 전개할 수 있을 것인데, 이것 역시 폭넓은 독서를 통해서만이 얻을 수 있는 상식이자 교양인 것이다. 영어 글을 잘 쓰고 싶다면, 무엇보다도 당장 책을 잡고 독서에 들어갈 일이다. 물론 시간이 촉박하고 실력은 늘지 않으니, 모범 답안과 각종 '비법'을 소개하는 참고서들을 손에 닳도록 들고 다니기 마련이지만, 영어 작문 실력이란 그렇게 하루아침에 얻을 수 있는 것은 아니다. 영어도 영어지만, 일단 사고력과 상식을 먼저 늘려야 할 일이다. 사고력과 상식이 제자리인데 좋은 글이 나올 리 만무하다.

Principle C-3 Argument의 최종 단계는 자신의 논지에 대한 반론을 감안하여 조정하는 것이다.

Tutorial C-3 사유를 하는 행위, 생각을 하거나, 생각을 글로 표현하는 일은 모두 '시간'을 축으로 전개된다.

한 순간에 어떤 생각을 했다고 치자. 조금 후에 다른 얘기들을 듣다 보니 그 생각이 잘못 된 것 같다. 그러다가 며칠 후 다른 사실들이 부각되면서 생각이 또 바뀌게 된다. 마치 시간이 지나면서 날씨가 변하고, 우리 몸이 변하듯이, 시간 속에 사는 인간들이 하는 생각은 시간에 따라 변할 수밖에 없다. 그런데 지금까지 우리는 한 가지 분명한 논지를 세워서 그것을 사실에 근거해 관철시켜야 함을 역설했다. 이것은 인간 존재의 기본 조건, 즉 시간에 따라 우리의 생각을 포함해서 모든 게 변한다는 점에 비춰보면 불가능한 것이 아닌가? 물론 그렇다. 따라서 실제 글쓰기에 있어서 첫 번째 문단에서 제시한 thesis statement는 소 논제들에 대한 exposition을 거치고 나면 형태가 다소 변해 있기 마련이다. 말하자면 modified thesis 또는 developed thesis가 되는 것이다.

앞서 사용한 법정의 비유를 예로 든다면, 갑이라는 인물이 유죄이냐 아니냐를 따지는 재판을 하는 이유는 사안이 쉽거나 명백하지 않기 때문이다. 어떻게 보면 유죄이고 어떻게 보면 무죄이다. 배심원 중 일부는 유죄라고 생각하지만 다른 쪽은 무죄라는 생각할 것이다. 이 때 변호인, 즉 글을 쓰는 사람은, 무조건 자신의 주장만을 계속 반복하는 대신, 반대 주장에 대해서도 어느 정도 인정을 해주면서도, 그 주장이 사실은 옳지 않음을 제시하는 것이 듣는 이의 반감을 극복하는 좋은 방법이 되는 것이다.

가령 '독도는 우리 땅'이라는 논제로 영어 작문을 할 때, 일본에 대한 분노로 일관해서는 몇 줄 가지 않아 손을 놓을 수밖에 없을 것이다. 오히려 일본측 주장을 소상하게 제시한 후, 일부 타당성도 부분적으로 인정해주면서 차분하게 조목조목 반박했다면, '독도는 우리 땅'이라는 말을 직접 하지 않았다고 해도, 그 영어 글을 읽는 세계인들 앞에서 우리가 승소할 가능성은 훨씬 크다.

자신의 주장에 대한 반론을 의식하며 글을 쓰는 것, 즉 상대방에게 양보(concession) 하는 것은 특히 두 주장을 제시한 후 본인 생각이 어떤 가를 묻는 문제 유형(위의 'Tutorial C-1'의 둘째, 셋째 유형)에는 필수적인 기술이다. 두 주장이 제시됐다. 이 중 어느 하나를 택했다고 치더라도 어찌 그것만이 절대적으로 옳을 수 있겠는가? 분명히 어떤 단계에 이르면 반대 주장도 일리가 있음을 받아들여야 거부감을 줄일 수 있고, 따라서 보다 큰 설득력을 얻을 수 있다. 이것을 법정의 비유를 사용하여 예시해 보자.

introduction: anecdote and thesis (X is guilty)

paragraph 1: sub-topic exposition 1 (X is guilty because of evidence A)

paragraph 2: sub-topic exposition 2 (X is guilty because of evidence B)

paragraph 3: sub-topic exposition 2 (X is guilty because of evidence C)

paragraph 4: concession (of course, X may look innocent because of D, but he isn't because of A, B, and C);

statement of modified thesis (X is really guilty, even though he appears innocent)

소개: 일화와 논제 (X는 유죄이다)

> 문단 1: 소 논제 exposition 1 (X는 증거 A 때문에 유죄이다.)
>
> ...
>
> 문단 4: 양보 (물론, X가 D 때문에 무죄로 보일 수 있겠으나, A, B, C 때문에 그렇지 않다.)
>
> 조정된 논제 진술 (X는 비록 무죄로 보이긴 하지만 사실은 유죄이다.)

이 때 paragraph 4에서 반론의 여지를 미리 예측하며 처리해 주지 않았다면, '당신은 D라는 측면을 간과했으므로 틀렸오' 라는 지적 하나에 이 argument 전체가 무너질 수 있을 것이다. 하지만 자신의 논지에 유리한 A, B, C 라는 사실들을 적절히 제시한 후에, 자신의 논지에 불리한 D까지도 거론하고 거기에 대한 반론을 해 두었기 때문에, 이 argument는 매우 탄탄해 진 것이다. 다만 이렇게 양보의 과정을 거쳤기 때문에 끝날 때의 thesis statement는 시작할 때처럼 단순한 형태일 수는 없을 것이다.

위의 'Tutorial C-1'의 세 번째 유형은 이러한 '양보' 의 중요성이 특히 부각되는 글의 형태이다. 'X는 Y이다' 와 'X는 Z이다' 가 둘 다 틀리다는 것이 자신의 논지라면, 결국 제 3의 주장이 옳다는 것을 입증해야 하는데, 이것을 입증하기가 보통 어려운 일이 아니고, 상당한 지면과 시간이 요구된다. 무조건 주어진 문제에서 제시한 주장들을 한 마디로 틀렸다고 선언한 후 자신의 생각만을 피력한다면 독자가 수긍할 리 만무하다. 또한 영어 에세이 시험인 경우, 출제 의도를 무시한 죄값을 톡톡히 치룰 것이다. 따라서 주어진 지면과 시간을 감안할 때, 자신의 논지는 'X는 절대적으로 Y이라고 할 수 없고, 그렇다고 Z라고 할 수도 없고, 어떤 면에서는 Y이고 어떤 면에서는 Z이다' 일 수밖에 없을 것이다. 이 때 각 문단의 내용은 대략 이렇게 될 것이다.

> introduction: some say X is Y but others say X is Z, both of them seem right.
> paragraph 1: but X isn't always Y, because of (1), (2), and (3)
> paragraph 2: nor is X always Z, because of (α), (β), and (γ)
>
> paragraph 3: of course, both can be true. Y in ⓐ, and Z in ⓑ
> paragraph 4: therefore, X is Y in some cases and Z in others.

이 때 argument를 입증하는 exposition은 'X는 Y이다' 라는 주장에 대한 예외이거나 맞지 않는 경우들인 (1), (2), (3) 같은 사실들을 택했고, 그리고는 반면에 'X는 Z이다' 는 주장에 대한 예외이거나 맞지 않는 경우들인 (α), (β), (γ) 등의 사실을 택했다(물론, 실제 글에서는 위의 paragraph 1이나 paragraph 2가 각기 두 문단으로 늘어날 수도 있을 것이다). 그러나 또한 각각의 주장들이 전적으로 옳지 않다는 것을 입증하는 것은 쉬워도, 샅샅이 살펴보면 어딘가는 맞는 구석이 있기 마련이니, 전적으로 틀리기만 하다는 것을 입증하는 것도 어렵다.

따라서 paragraph 3에서 '양보'를 해서 옳은 경우가 ⓐ와 ⓑ에서는 있음을 인정한다. 이러고 나서 결론에 해당되는 paragraph 4를 주지만, 이것은 상식적인 의미에서는 '결론'이 아니다. '이것도 좋고(또는 나쁘고) 저것도 좋다(또는 나쁘다)'고 하면 한국 사람들은 '한 쪽을 택하라!'고 다그칠 것이다. 하지만 이것은 소크라테스 이후 서양 논리학이나 수사법에 있어서는 면면히 이어지는 정당한 argument 전개 방식이다. '입장'을 선명히 해야 하는(그리고는 그것을 실천에 옮겨야 하는) 유교적, 동양적인 세계가 아니기 때문이다.

Principle C-4 글의 구성은 '서론-본론-결론'이 아닌 exposition과 argument가 교차하는 '2단계 구성'으로 이해하는 게 좋다.

Tutorial C-4 지금까지 설명한 모든 것들을 종합하면, 한 마디로 '사실로 주장하고, 주장하며 사실을 대라'로 요약할 수 있다.

즉, exposition이 argument이고, argument는 exposition이 되어야 한다. 마치 exposition과 argument가 별 개의 두 종류의 글이라는 생각은 버리는 게 좋다(바로 이런 연유에서 이 말들을 "설명문"이나 "논쟁문"으로 옮기지 않았다). 어느 한 쪽을 더 강조할 수는 있으나, 이 둘은 서로 유기적으로 밀접한 연관성을 갖고 있는 글의 '양대 요소'이다. 이 중 어느 한 쪽이 빠졌을 경우, 영어 글은 글다운 모습을 상실한다.

예를 들어서 위의 C-3의 구도대로, 유명한 소크라테스의 재판 얘기를 짧은 문단 3개 짜리 글에서 다룬다고 할 때도, 다음과 같이 exposition과 argument는 교대로 또는 동시에 '발생' 한다.

(1) **Socrates was killed by Athenians because they considered him dangerous. The charge against him was primarily that he corrupted people by making them doubt the accepted values of society. Was he really guilty?**

(2) **Socrates would typically ask puzzling questions about "justice", "friendship", "love" and so forth, without giving a clear answer himself. Thus, he would leave those who are questioned by him embarrassed, because they become confused about these ideas and values.**

(3) **This can be fun for Socrates because he shows off how clever he is. But what good does it do to society? Society needs clear-cut answers to solve its problems. But questioning without giving answers does little to solve real problems: instead, it can lead to confusion, and, therefore, to more problems. Killing Socrates was perhaps too harsh, but he certainly was himself a dangerous problem.**

> 소크라테스는 아테네인들에게 죽임을 당했는데 그것은 그를 위험인물로 간주했기 때문이다. 그를 기소한 내용은 그가 무엇보다도 사회에서 받아들여진 가치관들을 의심하게 하므로 사람들을 타락시켰다는 것이다. 그는 과연 유죄였나? 소크라테스는 전형적으로 '정의', '우정', 애정' 등에 대해 애매한 질문을 던지고는 명확한 답변을 해주질 않곤 했다. 그리하여 이러한 관념이나 가치들에 대한 생각을 혼란스럽게 해서 그는 질문을 받은 이들을 당황하게 만들어놓았다.
>
> 이것이 소크라테스로서는 자신이 얼마나 똑똑한가를 과시하기 때문에 신나는 일일 수 있다. 하지만 그것이 사회에 어떤 도움이 되는가? 사회는 그 사회의 문제들을 해결하기 위해 명확한 답변을 요구한다. 하지만 답변은 주지 않고 질문만 던지는 것으로는 실제 문제들을 거의 해결하지 못한다. 대신, 혼란을 야기하고 따라서 문제만 더 늘릴 뿐이다. 소크라테스를 죽인 것은 아마 너무 심한 일이었으나, 그 자신이 하나의 위험한 문젯거리였다는 것은 분명하다.

이 글은 하나의 argument의 형태를 취하고 있다. 논지는 '소크라테스의 처형은 합당했다'라는 것이다. 이러한 주장을 펼치기 위해, 먼저, '서론' 격인 첫 문단에서는 사실을 제시한다. 말하자면 전형적인 exposition의 형태를 띠고 있는 것이다. 그러나 사실 제시 차원에서 이미 자신의 argument에 유리하도록 일정한 '편집'을 해 놓았음을 알 수 있다.

즉, 첫 문장에서부터,

because they considered him dangerous

라고 하여, 자신의 논지에 '유익한' "dangerous"란 말을 삽입해 놓았다.

다음에 이어진 문장에서는

> he corrupted people by making them doubt the accepted values of society.

라고 '기소'의 내용을 요약해 놓았다. 이것 역시 '사실'을 전달하는 exposition이지만, 여기에 "doubt the accepted values of society"라는, 자신의 논지에 유익한 표현들을 사용하고 있음을 알 수 있다. 만약 논지가 소크라테스를 옹호하는 쪽이라면 "accepted values" 대신 "prejudices and preconceptions"(선입견과 고정관념) 같은 말을 썼을 것이다.

첫 문단은 "Was he really guilty?"라는 질문으로 마무리했다. 만약 이 단계에서 자신의 주장을 너무 분명히 밝혀놓으면, 읽는 사람의 즉각적인 반발을 초래할 수 있기에, 마치 '열린 문제'인 듯, 즉, 자신의 입장은 어느 한 쪽으로 치우쳐 있지 않은 듯한 제스처를 쓰고 있는 것이다.

두 번째 문단은 본격적인 exposition을 수행해야 한다. 사실이 제시되어야 거기에 근거를 둔 주장, 즉 첫 문단에서 던진 질문에 대한 답을 할 수 있을 것이다. 그러나 여기에서도 자신의 논지에 유리하도록, 즉 argument가 함축된 exposition을 하고 있음을 볼 수 있다.

먼저, 첫 문장에서,

> Socrates would typically ask puzzling questions about "justice", "friendship", "love" and so forth,

까지는 사실 그 자체를 다루는 '객관성'을 표명하는 편이지만, 여기에 이어진

> without giving a clear answer himself.

에서는 소크라테스의 무책임함을 함축하고 있다. 이러한 '함축적 논지'에 힘입어, 두 번째 문장에서는, embarrassed, confused 같은 부정적 의미를 갖는 말들을 쓰면서, 이 exposition이 암암리에 자신의 논지를 도출하는 쪽을 지향하도록 하고 있다.

자, 이제 세 번째 문단에서 본격적인 argument를 전개할 차비가 되었다. 먼저, 첫 두 문장에서는 '소크라테스의 문답법이 자기 자신에게나 유익하지 남들에게는 별 효용이 없다'는 소논지를 펼치고 있다. 하지만 아직 이 자체가 "Was he really guilty?"에 대한 답은 아니다. 또한 이 소 논지도 아직은 입증되지 않은 '선언'의 형태일 뿐이다. 그래서 일종의 축약 syllogism의 과정을 통해 이 소 논지의 '풀이과정'을 보여주고자 한다. 이를 완전한 syllogism으로 만들려면 한 단계 생각이 더 들어가야 한다. 즉,

> 1. 사회는 문제해결을 위한 분명한 답을 원한다.
>   (왜냐하면 현실 사회에서는 구체적인 실천과 실행이 중시되기 때문이다.)
> 2. 해결책 없는 문제제기는 따라서 사회에 불필요하다.
> 3. 뿐만 아니라, 오히려 더 많은 문제를 제기할 수 있다.

이러한 syllogism에 기초해서 드디어 논지를 피력한다.

> **Killing Socrates was perhaps too harsh, but he certainly was himself a dangerous problem.**

그러나 이 문장은 '유죄냐 아니냐'는 질문에 대한 전면적인 대답이 아니다. 말하자면 우회적인 '조정된 논지'의 형태를 취하고 있을 뿐이다. '죽인 것은 잘했다고 할 수 없어도, 분명히 소크라테스 자체가 문제였다'는 '양보'를 거친 입장을 취한 것이다. 왜? 방금 만들어 놓은 syllogism에 대한 당연한 반론을 '예측' 및 '예상' 했기 때문이다. 즉,

> 그렇다고 소크라테스가 죽을 죄를 지은 것인가?

우리가 앞의 2장에서 줄곧 강조했듯이 이러한 '보이지 않는 질문'은 문단을 만들어가는, 나아가 글을 만들어가는 '원동력'임을 결정적으로 예시해 주는 문장이라고 하겠다.

Principle C-5 '서론-본론-결론' 대신 exposition과 argument의 연결을 축으로 하는 '5 단계 구성'이 서양 수사법, 특히 영어 글쓰기의 구도를 이룬다.

Tutorial C-5 본디 서양의 글쓰기 규범은 그리스 로마 시대의 숱한 웅변가들의 명연설을 정리한 고전 수사법을 모체로 삼고 있다.

지금 독자 여러분이 읽고 있는 이 책도 이러한 고전 수사법의 전통에 닿아 있다. 이러한 고전 수사법에서는 다음과 같은 5단계 수사법 구도를 제시한 바 있다.

1. Introduction
2. Exposition
3. Argument
4. Debate
5. Peroration

1. Introduction. 이 단계에서 꼭 수행할 필수사항은,

첫째, 중심 논제를 소개하는 것.
둘째, 이 논제에 대한 문제 제기를 하는 것.

유념할 것은 introduction은 결코 거창한 일반적인 명제에서 출발하는 전형적인 '서론'이 아니라는 점이다. 두 필수 사항 중에서도 경

중을 가리자면 논제 소개가 더 중요하다. 문제제기를 하지 않더라고, 논제 소개만 잘 되면 글의 출발점으로서는 손색이 없다. 실제로 대부분의 신문 기사 같은 exposition은 첫 번째 필수사항인 논제 소개로만 출발을 한다.

2. Exposition. 우리가 위의 B에서 다룬 exposition이다. 여기에서 꼭 수행할 필수사항은 두 말할 것 없이

> 논제에 관련된 사실 제공

이것을 고대 수사학자들은 "narration"이라고도 지칭했다. 사실을 생생하게 '이야기 해주는' 과정이 설득의 매우 중요한 핵심적 요소라고 보았기 때문이다. 오늘날 글로 설득을 하는 시대에는 굳이 말로 "narrate" 하지 않고, 수치나 통계, 도표로 "narration"을 대신하는 경우가 많다. 어떤 경우이건, 객관적 사실의 제시로서 exposition이 차지하는 위치와 중요성을 유념해 두면 될 것이다.

3. Argument. 우리가 위의 C에서 다룬 argument이나, 중요한 것은 "2. Exposition"에서 자연스럽게, 논리적으로 도출된 문제 제기이어야 한다는 점이다.

> '사실이 이러하니, 이렇게 봐야 하지 않겠나?'

이러한 식의 문제 제기를 통해 자신의 논지를 제시하는 이 단계가 말하자면 '결론' 부분이라고 할 수도 있다. 또한 짧은 글이라면, 여기에서 글을 마무리해도 일단 기본 구성은 해 놓았다고 간주할 수 있다. 가령 iBT TOEFL Writing 시험의 마지막 에세이 문제라면 이 정도에서 마무리를 해도 기본 점수는 얻을 것이다.

4. Debate. 이것은 "3. Argument"에서 제시한 논지(결론)에 대한 당연한 반론을 처리해주는, 말하자면 'Q & A 세션'이라고 할 수 있다. 대개 "Of course, …" 같은 양보의 표현을 통해, 반론의 가능성을 인지하고 있음을 나타낸 후, 여기에 대한 재반론을 통해 자신의 논지를 조정, 강화한다.

이 단계까지 왔다면 사뭇 잘 쓴 글로서, 큰 하자가 없다. 말하자면 가능한 반론에 대한 재반론을 했다면, 그만 손을 털어도 글은 완성된 것이다.

하지만, 아직 결론을 못 썼는데? 아마 이렇게 반문하고 싶은 마음이 들 것이다. 하지만, '결론'은 이미 앞의 "3. Argument"에서 내렸다. 여기에서는 이 결론을 '보호'하기 위해, 반론의 여지를 차단하는 '뒤처리'까지 했으니 할 일은 다 한 것이다.

5. Peroration. 대개 연설을 하건 글을 쓰건, 상대방이 자신의 뜻대로 영향을 받아서 행동을 해주기를 바라는 게 인지상정이다. 이 마지

막 "peroration"은 바로 이러한 '선동'을 하는 단계로서, 이성보다는 감성에 호소한다든지, '이렇게 합시다!' 식의 당위론을 펼친다든지, 기타 관계없는 다른 일화를 자유롭게 끌어들인다든지 하므로, 가능한 한 청자나 독자에게 영향을 주고자 노력하는 대목이다.

따라서 다섯 번째 단계인 "peroration"은 필수가 아니라 하나의 옵션이고 경우에 따라서는 이것을 부정적으로 보는 견해도 많다. 그래서 "peroration"을 '쓸데없이 늘어놓는 소리'라는 의미로 이해하는 용례가 생겨난 것이다.

한국인들은 영어로 글을 쓸 때는 화려한 수사로 독자를 현혹할 재주는 없을 테니 가능한 한 '합시다' 식의 당위론으로 글을 마무리 하고 싶은 욕구를 자제하고 위의 네 번째 단계까지만 충실해도 충분하다.

이상의 '5 단계 수사법'에 의거해서 Tutorial C-4의 소크라테스에 대한 글을 분석해 보자.

1. Introduction:
Socrates was killed by Athenians because they considered him dangerous. The charge against him was primarily that he corrupted people by making them doubt the accepted values of society. Was he really guilty?

2. Exposition

Socrates would typically ask puzzling questions about "justice", "friendship", "love" and so forth, without giving a clear answer himself. Thus, he would leave those who are questioned by him embarrassed, because they become confused about these ideas and values.

3. Argument

This can be fun for Socrates because he shows off how clever he is. But what good does it do to society? Society needs clear-cut answers to solve its problems. But questioning without giving answers does little to solve real problems: instead, it can lead to confusion, and, therefore, to more problems.

4. Debate

Killing Socrates was perhaps too harsh, but he certainly was himself a dangerous problem.

5. Peroration

없음.

물론 실제 글에서는 "2. Exposition"이 좀 더 구체적이고 상세해야 할 것이고, 그 자체가 서너 개의 문단으로 소 논제별로 나눠지는 게 좋다. 또한 "3. Argument" 단계에서도

> "Society needs clear-cut answers … to confusion, and, therefore, to more problems."

같은 주장에 이어서 이를 예시할 exposition이 나와야 설득력이 있지, syllogism 그 자체만으로는 부족하다.

하지만 이처럼 좀 더 상세히 풀어놓은 글에 굳이 "peroration"을 달 필요는 없다. 5단계 수사법은 말하자면 4단계로 이해하는 게 좋다. 아니, 아예 Exposition-Argument-Debate, 논리적으로 가장 중심이 되는 이 세 핵심적인 축에 집중해서 3단계로 이해하는 것도 좋을 것이다.

결론적으로, 글을 쓰는 목적은 상대방을 설득하기 위한 것이다. 사람을 면전에 두고 말을 할 때는 표정, 어조, '주먹'이나 '눈물' 등 다양한 보조 장치에 의존할 수 있을 것이다. 하지만 글의 세계에서 상대방을 설득하려면 오로지 사실에 근거한 객관적인 논리를 펼치는 방법밖에는 없다. 특히 정서보다는 이성, 보편적성보다는 특수성, 추상성보다는 구체성을 중시하는 영미문화권에서의 글쓰기는 더욱 더 그러하다. 논지는 분명히 갖고 있되 가능한 한 구체적인 논제에 이것을 연결하는 '논제 좁히기', 논지를 반복해서 진술하기 보다는 구체적인 사실과 실제 예를 '소 논제'에 배분하여 전개하는 것, 상대방의 반론을 예

상하고 이를 부분적으로 인정하며 자신의 논지를 보완, 조정하는 일, 이러한 작업들이 영어로 쓴 글이 얼마나 설득력을 갖을 것인지를 결정하는 관건임을 잊지 말자.

PART. 4

영어 글짓기의 현장과 실제: 카트리나 1년 후

- **A** 루이지애나 주지사 편지
- **B** 미국 *LA Times* 사설
- **C** 영국 *The Guardian* 사설
- **D** '내가 쓴' 사설

지금까지 우리는 '문장'에서 '에세이'까지, 영어로 글을 '짓는'(compose) 일에 꼭 알아야 할 원리와 기술들을 살펴보았다. 그렇다면 실제 오늘날 영어로 글 짓는 일을 '업'으로 삼은 사람들은 어떻게 글을 쓰는가? 이 장에서 우리 시대 '글 전선'에서 바로 나온 '따근따근한' 영어 글의 실제 모습을 분석하며, 지금까지 강조한 바들을 정리, 복습해 보도록 하자. 그리고 이러한 분석에 기초해서 각자 이들을 '모방' 하여 글쓰기 연습을 하는 것으로 마무리 한다면, 이 책을 알차게 이용한 셈이 될 것이다.

　　위에서 '글 전선'이란 표현을 썼고, 글을 '업'으로 삼는 사람이라고 했는데, 과연 누구를 지칭하는 것일까? 글로 먹고 사는 사람하면 물론 '작가'를 떠올리겠으나 작가들보다 더 매일 글을 쓰지 않으면 밥을 먹기 힘든 직종은 언론계, 특히 신문잡지 기자들이다. 작가는 소수의 베스트셀러 작가들을 제외하면 글로 밥을 먹는 경우보다 '글 때문에 굶는' 일이 더 비일비재하다. 형편이 이러니 아예 부업으로나 작가생활을 하는 이들도 적지 않다. 오늘날 누가 그렇게 열렬히 문학작품을 읽어주나? 반면에 신문 기사는 매일매일 쓰고 읽는 글이고, 신문에 실린 글로 이런저런 이권이나 세력들이 서로 싸움을 벌이기까지 하니 그야말로 신문은 글 전선 그 자체라고 할만하다. 근대 언론이 태동하고 발전한 영국에서는 인터넷 시대에서도 여전히 신문과 잡지의 영향력이 지대하다. 또한 미국도 『뉴욕 타임즈』를 위시한 신문들의 영향력은 적지 않다. 그 이유는 우리나라의 『조선일보』와 달리 이들 신문들은 해당 국가의 국경을 넘어 전 세계에서 읽히고 전 세계에 영향을 미치는 '세계 언론'의 역할도 하기 때문이다. 좋건 싫건, 그것이 현실이다.

그런데 마침, 이러한 미국의 자만심에 큰 구멍을 낸 (그래서 미국의 잘난 체에 속이 뒤집힌 대다수 전 세계의 시민들에게는 내심 '반가운'?) 사건이 하나 터졌다. 2005년 8월 말, 최대시속 257km 강풍과 폭우를 동반하며, 미국 남부지역을 강타한 초특급 허리케인 카트리나가 바로 그것이다. 먼저 미국 플로리다 주로 상륙한 카트리나는 루이지애나 주, 미시시피 주, 앨라배마 주 등 미국 남부지역을 휩쓸고 지나갔고, 특히 뉴올리언스가 대표적인 대도시인 루이지애나 주의 피해는 엄청났다. 숱한 인명피해에 덧붙여, 뉴올리언스 도시의 80%가 침수되고, 이러한 재난에 온 시민이 단합해서 대처하기는커녕, 인종갈등, 연방정부의 무관심, 주정부의 무능, 치안부재, 상점 약탈과 파괴, 살인까지 더해지니 (게다가 이 모습이 전 세계에 중계방송까지 되니) 미국의 '치부'는 여지없이 드러나고 만 것이다.

그로부터 1년이 지난 2006년 여름 8월 말, 카트리나 1주년을 맞아 쓴 글 세 개를 비교해보므로, 앞 장에서 개괄적으로 설명한 글의 전략과 구성, 효과에 대한 비교 분석을 해보자.

    A. 루이지애나 주지사 편지
    B. 미국 *LA Times* 사설
    C. 영국 *The Guadian* 사설

분석의 틀은 다음과 같다.

    a. 논제와 논지
    b. 문단 구성
    c. 문장 및 표현
    d. 효과 및 전략

그리고 마지막으로, 이들 예문들을 자료로 삼아 자신의 사설을 간략하게 써보는 순서를 갖기로 하자.

    D. '내가 쓴' 사설

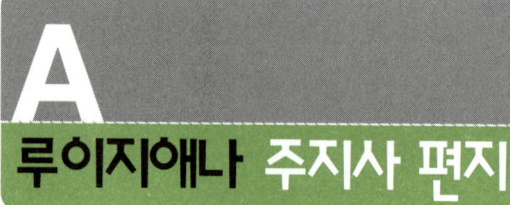

루이지애나 주지사 편지

One Year After Katrina, the Struggle Continues (Letter to *New York Times*, Aug. 30, 2006)

To the Editor:

(1-1) One year ago, Hurricane Katrina crossed the Louisiana coastline and changed us forever. (1-2) As the storm shattered our lives and communities, New Yorkers were among the first people who rushed to our aid.

(2-1) Few could imagine that four years after the World

Trade Center attacks, two of the greatest cities in the world would share a unique appreciation for each other — as we became bound by two of the most devastating events in our nation's history. (2-2) Just as Louisianans arrived in Manhattan soon after the tragedy in 2001, New Yorkers landed in south Louisiana last August. (2-3) In one of the darkest hours of our state's proud history, we turned to New York, and its people responded with compassion, strength and generosity.

(3-1) I sincerely thank you for your help and your generosity. (3-2) I also ask the good people of New York not to forget us as we continue our recovery. (3-3) Come visit us and experience our unique culture. (3-4) Lend us your talents, and always keep us in your hearts and prayers.

Kathleen Babineaux Blanco
Governor
Baton Rouge, La., Aug. 28, 2006

* 카트리나 1년 후, 투쟁은 계속된다
―『뉴욕 타임즈』에 보낸 공개서한, 2006년 8월 30일

편집자 전,

(1-1) 1년 전에 허리케인 카트리나는 루이지애나 해안을 건너와서 우리를 영원히 다른 모습으로 바꿔놓았습니다. (1-2) 폭풍이 우리의 삶과 공동체를 산산조각 내는 동안 뉴욕시민들은 우리를 도우려 가장 먼저 달려온 분들에 포함되었었습니다.

(2-1) 세계무역센타 공격 4년 후에 세계에서 가장 위대한 도시들에 포함되는 두 도시가 서로에 대한 각별한 배려를 나누리라고 상상한 사람은 거의 없었습니다. (2-2) 2001년의 비극 직후에 루이지애나 사람들이 맨해튼에 당도했듯이, 뉴욕 시민들은 지난 8월 남부 루이지애나로 내려왔던 것입니다. (2-3) 우리 주의 자랑스런 역사에서 가장 어두운 시간으로 기록될 그 때에 우리는 뉴욕에게 도움을 청했고 뉴욕 사람들은 연민과 힘, 그리고 넉넉함으로 응답했습니다.

(3-1) 저는 여러분의 배려에 대해 진심으로 감사드리는 바입니다. (3-2) 저는 또한 우리가 회복을 계속하는 동안 뉴욕 시민들이 우리를 잊지 말아주시길 부탁드립니다. (3-3) 저희를 방문해 주시고 저희 독특한 문화를 체험하십시오. (3-4) 저희에게 당신들의 재능을 빌려주시고, 우리를 언제나 가슴 속에 간직해 주시고 기도하실 때 기억해 주시기 바랍니다.

주지사 캐슬린 바비노 블랑코
베이튼 루즈, 루이지애나, 2006년 8월 28일.

A-a 논제와 논지

논제: (1-1)에서 허리케인 카트리나에 대한 글임을 밝힌다. 그러나 (1-2)에서, 뉴욕시민들에게 보내는 루이지애나 주지사의 편지라는 이 글의 성격에 맞게 '카트리나 당시에 뉴욕 시민들의 도움'으로 이 글의 논제를 구체화했다.

논지: 첫 문단에서는 아직 드러나지 않지만, 두 번째 문단과 세 번째 문단으로 이어지며 드러나는 논지는 '카트리나를 계기로 맺어진 두 도

시의 특별한 관계를 계속 이어가자' 이다.

A-b 문단 구성

문단 1: 논제 소개, introduction

(1-1) 카트리나 소개

(1-2) 논제 구체화 (뉴욕 사람들의 도움) 및 논지 함축 (뉴욕과 루이지애나의 관계는 특별함)

문단 2: 논지의 argument를 함축한 exposition

(2-1) 카트리나를 9.11과 같은 급의 재난으로 격상시키며, 두 도시가 '동급' 임을 함축함.

(2-2) 9.11 때 루이지애나 사람들이 뉴욕을 도왔듯이 카트리나 때 뉴욕시민들이 루이지애나를 도운 것이라는, argument가 가미된 exposition.

(2-3) 앞 문장의 의미를 다시 한 번 부연.

문단 3: 함축된 논지에 대한 반론 처리 및 '호소' 의 peroration

(3-1) 고마움을 나타내는 의례적 문장

(3-2) 앞 문단의 주장에 대한 반론을 의식한 '논지 조정'. 즉, 다음과 같은 '토론' 이 함축되어 있음.

논지: 루이지애나와 뉴욕은 같은 급이자 특별한 관계를 맺었다.

반론: 루이지애나와 뉴욕은 전혀 같은 급이 아닐뿐더러, 뉴욕 사람들은 루이지애나에 별 관심도 없다

재반론: 물론 그렇다. 바로 그러니까 우리를 잊지 말아달라는 얘기다.

(3-3) 조정된 논지에 근거한 구체적인 '호소' (관광 홍보).

(3-4) 앞 문장과 같은 기능이나 '듣기 좋은 말'로 마무리하는 'perora-tion' 성격이 더 부각됨.

A-c 문장 및 표현

(1-1) 사건의 '사실성'을 강조하기 위해 간결한 단문을 사용했다.

(1-2) '논제'를 설정하기 위한 '사실'을 주장하는 문장으로 "As …"의 결과로 "New Yorkers …" 절을 제시하고 있다. 이때 주장의 내용을 조정하기 위해 "among the first"란 표현을 씀(이런 표현이나 "one of the best"는 논리적으로는 말이 되지 않는다. 첫째는 하나이고 최고는 하나이어야 이치에 맞지만, 설득을 위한 '수사법'을 고려하면 이해된다. 과연 누가 첫째이고 누가 최고인지를 확실히 입증하기는 어려운 노릇이니).

(2-1) 여러 개의 진술이 이어져 복잡한, 그리고 전략적으로 매우 중요한 복문. 이 문장에 들어가 있는 진술은 다음과 같다.

- Few could imagine (predict) the World Trade attacks
  세계무역센타에 대한 공격을 상상(예측)할 수 있는 사람은 거의 없었다.
- Katarina took place four years after 9.11
  카트리나는 9.11보다 4년 뒤에 일어났다.
- Similarly, few could predict the Katarina disaster
  이와 유사하게 카트리나 재난을 예측한 사람은 거의 없었다.
- Both were two of the most devastating events in our nation's history 둘 다 미국 역사상 가장 처참한 사건 중에 포함된다.
- New York and New Orleans are two of the greatest cities in the world 뉴욕과 뉴올리언즈는 모두 세계에서 가장 위대한 도시에 포함된다.
- The two cities are bound by a shared appreciation of each other 두 도시는 서로에 대한 배려를 나눈 정으로 묶여 있다.

이렇게 분석을 해 놓고 보니, 이 문장 하나가 거의 한 문단이 되고도 남을 듯하다. 이렇듯, '복문'은 다양한 진술을 정교하게 연결해 놓는 '복합진술'인 것이다.

(2-2) 앞의 복잡한 문장과 대조가 되도록 상대적으로 짧고, 논리적으로 선명한 문장을 썼다. "Just as … , so …"로 둘의 상동성과 유사성을 주장했다.

(2-3) 앞 문장의 '딱딱한' 사실성과 논리성을 보완하려는 다소 '수사적'인 표현들, "darkest hours" 같은 비유, "compassion, strength and generosity" 같은 추상적 개념들을 사용했다.

(3-1) 이것이 '결론'이 아님을 함축하듯, 의례적인 표현을 담고 있는 간략한 문장이다.

(3-2) 앞서 분석했듯이 간단해 보이지만 사실은 논리적으로 복잡한 '의미 및 입장 조정'이 이루어진 문장이다. "I also ask"의 "also"는 앞의 "thank"에 대한 단순한 첨가적인 관계인 것처럼 제스처를 쓰지만, "the good people of New York"이 자신들을 "forget"할 가능성을 인정하고 있음을 나타내며 "we continue our recovery"라는 진술도 전달하고자 한다. 이때 "as"는 단순히 '하는 동안'으로 이해할 수도 있지만, '특히 이제 우리가 어느 정도 recover 하고 있기 때문에 더 우리를 잊을 가능성이 크다'는 '뉘앙스'도 풍긴다.

(3-3) "not forget"의 구체적인 내용으로 "visit us and experience our unique culture", 즉, '관광'을 호소하는 표현이 등장했다.

(3-4) 듣기 좋은, 그러나 그 자체로는 별 의미가 없는 '잘 부탁한다는' 성격의 추상적인 표현으로 마무리했다.

A-d 효과 및 전략

이 글은 편지 글로서 상세한 exposition을 하거나 argument를 본격적으로 전개하지는 않으나, 상당히 논란의 여지가 있는 argument

를 전개하고 있다. 즉, 카트리나라는 부정적 사건을 빌미로 모든 면에서 같은 급에 둘 수 없는 두 도시의 특별한 관계를 부각시키고자 하는 '고도의 정치적 의도'가 담겨 있다.

이러한 논지를 전개하는 데 핵심적인 역할을 하는 것이 두 번째 문단이다. 여기서 9.11 때 루이지애나 사람들이 뉴욕을 도왔고, 카트리나 때 뉴욕이 루이지애나를 도왔다는 식으로 exposition을 하고 있고 여기에 함축된 argument는 '두 도시가 (사실은 상당한 격차가 있음에도 불구하고) 대등하고 특별한 선린관계를 맺고 있다'는 논리를 세우고자 한다.

그러나 이 두 도시의 '대등성'을 전면적으로 부각시키는 것은 사실 무리수라는 것을 글쓴이는 잘 안다. 따라서 반론의 여지를 의식한 '논지 조정'을 세 번째 문단에서 하면서, 오히려 그러한 '겸양'의 자세에서 뉴욕사람들에게 지속적인 관심을 갖기를 호소하는 peroration을 끌어내었다.

미국 *LA Times* 사설

Triumph of the Katrina Volunteers

LA Times. Editorial. August 30, 2006

(1-1) PRESIDENT BUSH MARKED THE first anniversary of Hurricane Katrina on Tuesday with a speech in New Orleans saluting volunteers from across the country. (1-2) He's right. (1-3) Their overwhelming show of compassion shined a rare light in a dark time.

(2-1) For the last year, college and high school students have given up holiday ski trips and spring-break beach vacations to tear down walls and shovel rubble. (2-2) Churches have sent squadrons of teenagers and retirees. (2-3) Individuals of all ages have taken time off from jobs and families and headed south to see what they could do to help.

(3-1) Christie Tedmon, a champion gymnast who graduated from UCLA in June, was one of them. (3-2) Last September she headed to Gulfport, Miss., with 13 other members of Bel Air Presbyterian Church. (3-3) She unloaded trucks full of donated clothing and food, sawed fallen trees and dragged moldy furniture out of houses. (3-4) The people she came to help were grateful — and surprised. (3-5) "You came all the way from California to help us?" they asked.

(4-1) Earlier this month, UCLA psychology professor Vickie Mays asked fellow members of the American Psychological Assn. to arrive early for their long-scheduled annual meeting in New Orleans. (4-2) They gave workshops for local mental health counselors, ministers, teachers and parents to treat the estimated half a million hurricane survivors suffering from anxiety, depression and post-traumatic stress.

(5-1) Like the president, Mays was overwhelmed — though not just by the outpouring of help from youth groups, churches and her fellow psychologists. (5-2) What struck her was the eerie silence in block after block of shattered homes, schools and churches in the city's Lower 9th Ward. (5-3) A year after the hurricane, it was hard to believe that this was part of the United States. (5-4) "Without volunteers," she said, "God knows how bad it would be."

(6-1) Volunteers richly deserve the president's praise. (6-2) But the Gulf Coast communities depend on his promise that government, though late to arrive, won't walk away until the job is done. (6-3) And the whole country depends on his promise that a government so clearly unprepared for that natural disaster will be ready for the next one.

*카트리나 자원봉사자들의 승리
『LA 타임즈』, 2006년 8월 30일자 사설

(1-1) 부시 대통령은 화요일에 뉴올리언즈에서 카트리나 1주년 기념 연설을 하며 미국 전역의 자원봉사자들을 칭송했다. (1-2) 참으로 옳은 처사이다. (1-3) 그들이 압도적으로 보여준 동정의 표시는 어두운 순간을 밝혀준 드문 빛이었다.

(2-1) 작년 한 해 동안 대학생과 고등학생들은 스키 휴가 여행과 봄방학 해변 휴가를 포기하고 벽을 허물며 잿더미를 삽으로 퍼냈던 것이다. (2-2) 교회들은 청소년과 정년 퇴직한 분들을 여러 팀 보냈다. (2-3) 남녀노소 할 것 없이 직장이나 가사에서 시간을 쪼개 뭔가 도울 것이 없을까 하며 남쪽으로 향했다.

(3-1) 올 6월에 UCLA를 졸업한 체조 특기자 크리스티 테드먼도 이 중 하나였다. (3-

2) 작년 9월에 그녀는 벨 에어 장로교회의 동료 교인 13명과 함께 미시시피 주 거트 포드로 향했다. (3-3) 그녀는 헌납한 의류와 음식을 가득 실은 트럭에서 짐을 풀어줬고 쓰러진 나무에 톱질을 했고 곰팡이 먹은 가구들을 끌어내었다. (3-4) 그녀가 도우러 간 사람들은 고마워했고, 또한, 놀라운 기색이었다. (3-5) "멀리 캘리포니아에서 여기까지 우리를 도우러 온 거예요?"라고, 그들은 묻는 것이었다.

(4-1) 이달 초 UCLA 심리학과 교수 비키 메이스는 미국 심리학회 동료 회원들에게 벌써 오래전부터 예정되었던 뉴올리언즈 정기학회날짜보다 좀 더 일찍 만나자고 제안을 했다. (4-2) 그들은 그 지역의 정신건강 상담원, 목회자, 교사, 부모들을 모아놓고, 불안, 우울증, 트라우마 후유증, 스트레스 등에 시달리는 50만명 가량의 허리케인 생존자들을 치유해주는 데 도움을 주도록 세미나를 개최했다.

(5-1) 대통령과 마찬가지로, 메이스도 놀라움에 압도당했으나, 그것은 비단 청소년 그룹, 교회, 동료 심리학자들의 도움이 쏟아진 데 대한 것만은 아니었다. (5-2) 그녀를 사로잡은 것은 시내의 '9번 하구'의 무너진 집과 학교 교회들이 늘어선 블록마다 이어지는 음산한 정적이었다. (5-3) 허리케인이 일 년이나 지났는데도, 여기가 미합중국의 일부라는 것을 믿기가 어려울 정도였다. (5-4) "자원봉사들이 아니었으면, 얼마나 끔찍했을지 아무도 모를 정도였어요,"라고 그녀는 말했다.

(6-1) 자원봉사자들은 대통령의 칭송을 받아 마땅하다. (6-2) 그러나 걸프 해안 지역은 정부가 비록 늦게 도착하긴 했지만 임무를 완성할 때까지는 떠나지 않으리라는 약속에 의존하고 있다. (6-3) 그리고 온 나라가 이 자연재해에는 명백히 대비를 하지 못했던 정부가 다음 재해는 대비할 것이라는 약속을 이행하는지 지켜볼 것이다.

B-a 논제와 논지

논제: 제목 "Triumph of the Katrina Volunteers"에 밝혔 듯이 카트리나라는 논제에서 자원봉사라는 소논제로 좁혀서 거기에 초점을 맞추고 있다. 제목에서는 "the Katrina Volunteers"라고만 되어 있지만, 실제로는 본문의 본격적인 exposition 부분인 문단 (3)-(5)를 보면, 이 신문이 발간되고 읽혀지는 지역인 LA의 volunteers들이 논제임이

드러난다.

논지: 논제에 대한 입장 역시 제목에 함축되어 있다. 자원봉사자들의 "승리"를 말하는 글이기에, '(LA 지역 출신) 봉사자들의 활동은 매우 훌륭했다' 라는 것이 중심 논지이다.

B-b 문단 구성

문단 1: 논제 제시 및 논지 함축
(1-1) Katrina라는 대 논제에서 자원봉사라는 소 논제로 좁히는 기능
(1-2) (1-1)의 exposition에 대한 argument (논지 함축)
(1-3) (1-1)과 (1-2)를 종합하는 논제 제시 및 논지 표명(흔히 일반 작문 책에서 말하는 'thesis statement')

문단 2: 앞의 논제/논지를 구체화하는 exposition의 예비 단계.

예찬할만한 사례들을 나열하는 구체성을 띠는 진술들이기는 하나 아직도 일반적인 유형들을 묘사하는 문장 셋을 연달아 붙여놓았다. 여기에는 당연히 따라붙는 질문은 "Who, for example?"이 나오도록 유도하는 '전략'이 배어있는 문단.

문단 3: 구체성을 강화하여 특정인의 사례를 기술하는 exposition

(3-1), (3-2), (3-3) UCLA 졸업생의 모범적인 사례를 예시 (논제)

(3-4) & (3-5) 이들에 대한 예찬을 '인용'을 통해 대변하도록 함 (논지)

말하자면 문단 전체가 'LA 출신 자원봉사자들을 칭송했다'는 논지의 구도를 그대로 반영하고 있다.

문단 4: 문단 3이 제기할 수 있는 질문(debate)에 대한 답변 형식의 exposition

즉, 문단 3을 읽은 후,

> "그러면 주로 젊은이들만 그렇게 봉사를 한 건가?"
> "또한 주로 단순한 노력봉사만 한 건가?"
> "주로 교회를 중심으로 한 활동인가?"

이같은 질문에 대한 '답변'을 하는 것이 문단 4의 narration/exposition의 기능이다. 교회와 상관없이 대학 교수 등 전문인이 자신의 전문기술을 활용한 고급 자원봉사도 한 사례를 들어 위의 세 질문에 모두 한꺼번에 답변한 셈이다.

즉, 이 문단은 단순한 사례의 나열이 아니라 일정한 argument를 진행시키는 exposition이라는 점에서 문단 3과는 성격이 또 다르다.

문단 5: 자원봉사 자체에 대한 문제제기도 염두에 둔 exposition. 즉,

"자원봉사로 모두 게 해결되나? 대통령은 뭐하나"

이같은 질문에 대한 답변을 해주고 있다.

B-c 문장 및 표현

(1-1) 사실성을 강조하는 신문기사의 전형적인 모습으로 시작한다. 그러나 대통령의 연설 그 사실 자체를 '보도'하는 게 아니라 "saluting volunteers"라는 논제를 끌어내기 위한 전략임을 알 수 있다.

(1-2)는 매우 짧은(불과 두 단어) 문장으로 논지를 제시하고 있다. 사실 이 문장은 굳이 단독 문장으로 두지 않고 (1-3) 앞에 붙여도 된다. 이렇게 떼어놓은 것은 (1-1)과 (1-3) 두 긴 문장 사이에서 '박자'를 조절하며 분위기를 환기하는 '수사적 효과' 때문이다.

(1-3) 자원봉사자들을 칭송하는 논지를 포괄적으로 다시 부연하는 문장. 그러나 아직은 미국 전역 — (1-1)에서 말한 "across the country" — 차원이므로 LA 지역에 초점을 맞추려는 이 글의 입장이 모두 노출된 것은 아니다. 흔히 말하는 thesis statement가 첫 문단에서 등장할 때는 이렇듯 다소 포괄적인, 충분히 '조정'의 여지가 있는 상태

인 것이 좋다. 너무 명확하고 세밀한 논지를 모두 밝혀버리면, 더 이상 글을 읽을 필요가 없을 것이다. 또한 이어지는 문단은 너무 일찍이 구체화된 논지를 뒷받침하는 매우 기계적인 작업이 되어 버릴 것이다.

(2-1) 구체성을 점점 더 띠는 과정의 중간 단계인 이 문단에서는 "college and high school students", "holiday ski trips and spring-break beach vacations" 등, 포괄적인 복수형을 줄곧 사용하고 있다. 대상을 구체화하는 관사가 아직은 등장하지 않고 있는 것이다.

(2-2) 이 문장은 더욱 더 그러하다. 동사구 "have sent"를 제외한 나머지 문장의 나머지 단어들은 모조리 포괄적인 (즉, 애매한) 복수형들이다. 어떤 교회가 정확히 몇 명의 청소년을 어디에다 보냈는지는 전혀 알 수 없는 문장임.

(2-3) "Individuals of all ages"는 더 심하다. 모든 연령층? 한 살부터 여든 살까지? 이것은 분명히 과장법임을 알 수 있다. 이렇게 '사실'을 부풀려 놓은 것은, 다음 문단에서는 마치 영화에서 '클로즈업' 하듯, 구체적인 개인 인물들을 예시하기 위한 '작전' 의 일환이다.

(3-1) & (3-2) 앞의 (2-2)를 구체화하는 문장들이다. 특정 교회와 특정인이 언제, 어디로 갔는지를 밝히고 있다. 이렇게 사실을 구체화할 때 관계대명사를 대개 사용하게 된다. 구체화란 사람 이름만 밝혀서 되는 게 아니다. 이름에 이어서 "a champion gymnast who graduated from UCLA in June"라는 '소개'를 달아줘야 구체화의 효과가 나타나는 것이고, 이때 "who …" 절 없이는 이런 문장을 만들어낼 방법이 없다.

(3-3) 여기서는 구체성을 다시 줄이고 있다. 명사들이 관사 없는 복수형으로 쓰이고 있다. 왜 그랬을까? 일일이 행위를 하나하나 열거할 지면이 없기 때문이다. 대신 '많은 봉사를 했다'는 느낌을 주기 위해 "and"를 다소 '과도' 하게 사용하고 있는 것이다.

(3-4) 앞의 두 문장에서 소개한 행위에 대한 논평을 통해 '자원봉사자들을 예찬함'이라는 논지를 발전시키고 있다. 대시(—)에 이어 "surprised"를 달아주므로, 일단 시각적으로 강조의 효과를 내면서 동시에 다음 문장을 예비한다. 즉, '왜 놀랐는데?' 라는 반문을 유도하는 것이다.

(3-5) 여기에 대한 답을 주민들의 반응을 직접 인용하는 것으로 대신하며 글의 논지를 부각시키고 있다.

(4-1) 이 문장은 앞의 (2-3)의 "of all ages"에 대한 '답변'인 셈이다. 젊은 학생 뿐 아니라 나이든 교수도 봉사를 한 것이고 게다가 단순한 노력 봉사가 아님을 강조하기 위해 심리학 교수들을 예로 들었다.

(4-2) 위의 (3-2)와 마찬가지로, 활약상을 포괄적인 무관사 복수형 명사들을 나열하는 것으로 표현했다. 관사를 앞에 달고 구체화된 명사

구는 "the estimated half a million hurricane survivors" 뿐이다. 막상 이들 중 정확히 몇 명에게 몇 회의 카운슬링 봉사를 했는지 등은 전혀 밝힐 마음이 없는 문장이다.

(5-1) 이 문장에서도 대시(dash)를 사용해서 의미의 '긴장'을 유도하고 있다. "무엇 때문에 overwhelmed됐는가?"라는 반문에 대한 답변을 하다 말았기 때문이다. "not only … but also"의 가운데를 끊어놓은 수사적 용법이다.

(5-2) "… but also"에 해당되는 문장. 그렇다면 왜 자원봉사자들을 칭송한다는 기본 논지와는 일견 상관없는 "the eerie silence"를 언급하고 있을까? 이 대목에서 논지에 대한 '반론/반문에 대한 답변'이 처리되고 있기 때문이다. 즉, 다음과 같은 '질문'을 예상하고 거기에 대한 답변을 하고 있는 셈이다.

> Q: 자원봉사자들의 헌신만으로 재난의 피해가 해결되나?
> A: 물론 아니다. 사실은 여전히 형편이 열악하다.

(5-3) '여전히 열악하다'라는 반문에 대한 답변을 수행하는 문장이다.

(5-4) 이 문장은 반론의 타당성을 인정한 (5-2), (5-3)에 대한 재반론이다. '여전히 열악하지만 자원봉사자들이 아니었으면 더 끔찍할 뻔했다' (따라서 이들은 칭송받을 만하다).

(6-1) (5-2)에서 (5-3)까지 전개된 '토론' 내지는 '질의응답' 과정을 거친 후 다시 논제를 선언한다.

(6-2) 그러나 앞 문단의 반론의 여지를 인식하고 논지를 다소 '조정' 하고 있다. '자원봉사자들은 칭송받아 마땅하지만 정부도 뭔가 해야 한다' 는 주장으로 발전했다.

(6-3) '…하길 바란다'는 당위를 담은 전형적인 peroration 문장이다. 앞 문장들보다 표현이 복잡해 보이는 것도 peroration은 가장 '수사적' 기능이 뚜렷이 부각되는 단계이기 때문이다. 단순히 '약속을 지켜라' 라는 말 대신, "the whole country depends on his promise"라고 하고, '정부의 대응은 형편없었다' 라는 비판을 "that a government so clearly unprepared for that natural disaster"에 담고, '앞으로라도 잘 해라' 라는 '주문'을 "will be ready for the next one"에 담는 '우회적 표현'들이 대거 동원되었다.

B-d 효과 및 전략

글의 논지가 제목에는 함축되어 있으나 아직 첫 번째 문단에서는 완전히 드러나지 않는다. 독자들의 성급한 반응을 피하며, 가능한 한 사실의 exposition을 통해 논지를 받아들이도록 유도하고자 하기 때문이다.

철저하게 사실의 exposition에 의존해서 설득하려는 전략은 첫 문단에서부터 드러난다. 이들 자원봉사자들을 예찬하는 것이 꼭 *LA Times*의 입장만은 아님을 보여주기 위해 Bush 대통령의 발언을 '보도'하는 형식으로 문단을 시작하고 있다. 또한 두 번째 문단의 일반적인 진술들을 거쳐서 세 번째, 네 번째, 다섯 번째 문단에 연이어 구체적인 인물들의 사례를 상세하게 소개하는 (그야말로 고전적인 의미에서의) narration으로서 exposition을 전개하고 있다. 이것이 거의 글의 대부분을 차지하고 있다고 해도 과언이 아니다.

따라서 마지막 문단이 없어도, 아니면 (6-1) 문장을 문단 (5) 끝에만 붙여도 글은 얼마든지 '할 일'을 다 한 셈이다. 하지만 '사설'을 쓰는 언론인이 어찌 여러 잔소리를 하고 싶은 충동을 숨길 수 있겠나. 본업을 다 끝낸 후, 마지막 문단에서 대통령 및 정부를 향한 쓴 소리 한 마디를 peroration에 덧붙이고 있다. 하지만 이것이 이 글의 '논지'(내지는 '결론')이 아님을 새삼 강조하자. '결론'은 이미 문단 (3)~(5)의 '본론'에 '담겨있음'을 잊지 말기를.

영국 *The Guardian* 사설

Hurricane Katrina: Human Failure

The Guardian Aug. 30, 2006 Leader

(1-1) It wasn't just the inhabitants of America's Gulf coast who were stunned by Hurricane Katrina a year ago. (1-2) It was the whole American nation and the entire watching world. (1-3) The death, destruction and displacement caused by the worst natural disaster in United States' history swept away homes, wrecked the unique city of New Orleans and even laid siege to the American dream itself. (1-4) The human catastrophe shocked even more brutally than the natural one did. (1-5) That such things could happen in the world's richest and most self-confident society was hard to grasp then—as George Bush's own hapless response personified—and it remains even harder now. (1-6) For if the original destruction could be described as an act of God, then the continuing failure to put it right can only be described as an act of humankind.

(2-1) Yesterday, with midterm elections in the offing, Mr Bush spent rather more time in New Orleans than he managed to do a year ago during the disaster itself. (2-2) But there is little sense in most parts of the afflicted Gulf coast, and in New Orleans itself in particular, that public officials from the president down have yet got a grip of the situation that confronts them. (2-3) Huge questions and challenges remain. (2-4) Some quarter of a million people (more than half the population of the metropolitan New Orleans area) remain displaced around the country. (2-5) Only 41% of houses in the area have gas service and only 60% have electricity. (2-6) A mere 17% of the city's buses are in use. (2-7) Only a third of New Orleans' public schools are in operation, along with less than a quarter of the city's childcare facilities. (2-8) Waste collection systems remain vestigial in many areas, non-existent in some, and crime, especially violent crime, is rising. (2-9) Unsurprisingly, in view of the scale of the destruction and the slow progress being made in fixing it, housing costs are rising rapidly (rents are up 39% since the hurricane struck).

(3-1) All these things impact disproportionately on poor people rather than on the wealthy. (3-2) And in New Orleans that largely means poor black people. (3-3) The fabled areas of New Orleans that the tourists (and the president) visit are being rebuilt reasonably well. (3-4) It is in the less glamorous outlying districts that the predicament is most serious, rehabilitation slowest and the need for progress most urgent. (3-5) The failure to rebuild and restore New Orleans over the past 12 months, and in some cases the opportunist determination not to do so, simply cannot be understood except in a racial context. (3-6) "I'm not saying they planned this as a way to empty New Orleans of poor, black people," a former resident of the stricken Lower Ninth ward told a *New Yorker* reporter earlier this month, "but it's sure going to work out that way."

(4-1) In a devastated city and a region that are crying out for steady incremental progress and planning, improvements have been painfully slow and much has already stalled. (4-2) Of the much touted $110bn of federal aid to the region, only $44bn has yet been handed over. (4-3) Louisiana and New Orleans are bywords for corrupt government and failed politics, so not all of this can be laid at Mr Bush's door. (4-4) Nevertheless, conspiracy theories abound. (4-5) The suspicion that white property developers took advantage of the storm to destroy black neighbourhoods (it has happened in New Orleans before) is widespread. (4-6) Professor Douglas Brinkley of Tulane University—author of *The Great Deluge*—believes the inaction is deliberate and politically motivated, its objective a smaller New Orleans with a large proportion of its former black citizenry (and voters) scattered to the north American winds, its ultimate goal to turn Louisiana, the last Democratic state in the Old South, into a Republican state like the rest of them. (4-7) True or not, a full year on, Hurricane Katrina should continue to cause outrage about the rottenness and misery of the lives still lived in what Michael Harrington once famously called "the other America".

허리케인 카트리나: 인재(人災)
「더 가디언」, 2006년 8월 30일자 사설

(1-1) 1년 전 허리케인 카트리나에 충격을 받은 이들은 미국의 걸프 해안 주민들만은 아니다. (1-2) 미국인 전부 그리고 이를 지켜보는 세계의 모든 이들도 마찬가지였다. (1-3) 미국 역사상 최악의 자연재해가 야기한 죽음, 파괴, 이주는 가옥을 쓸어버리고 독특한 문화를 자랑하는 뉴올리언즈를 잿더미로 만들고 심지어 '아메리칸 드림' 자체를 옥죄었다. (1-4) 인재는 자연재해보다 더 야만적으로 충격적이었다. (1-5) 세계에서 가장 부유하고 가장 자신만만해 하는 나라에서 이러한 일들이 벌어질 수 있다는 것이 그때도 이해하기 힘들었지만—조지 부시 본인의 전혀 적절치 못한 반응이 상징하듯—지금은 더욱 더 그러하다. (1-6) 왜냐하면 최초의 파괴가 신이 한 일이라고 설명할 수 있었다면, 이후에 복구에 실패하고 있는 모습은 인간의 행위로밖에는 설명할 수 없기 때문이다.

(2-1) 어제, 중간 선거가 임박한 터, 부시는 재난이 벌어졌던 한 해 전보다 다소 더 긴 시간을 뉴올리언스에서 보내긴 했다. (2-2) 그러나 걸프 연안의 피해지역의 대부분, 그리고 특히 뉴올리언스에서는 대통령부터 시작해서 공직자들이 이들 주민이 직면한 상황을 제대로 파악하고 있다고 생각하는 이는 별로 없다. (2-3) 엄청난 문제들과 도전들이 남아있는 것이다. (2-4) (뉴올리언스 광역시 인구의 약 반 정도인) 약 25만 명이 온 나라 사방에 이주해 흩어져 있는 상태이다. (2-5) 이 지역의 가옥 중 41% 만이 가스 공급을 받고 있고 60%만이 전기 공급을 받고 있다. (2-6) 시내버스는 불과 17%만 가동 중이다. (2-7) 뉴올리언스 공립학교 중 삼분의 일만 개교했고, 도시의 아동 복지시설은 4분의 1도 채 운영되지 않고 있다. (2-8) 쓰레기 수거는 여러 지역에서 거의 유명무실하거나 아예 없고, 범죄, 특히 강력범죄는 늘어나는 추세이다. (2-9) 놀랄 것 없이, 파괴의 정도와 복구의 느린 속도를 감안할 때, 주거비용은 급속히 증가하고 있다(월세는 허리케인이 강타한 후 39% 올랐다).

(3-1) 이 모든 것들은 부유층보다는 빈곤층에게 훨씬 더 심한 영향을 미친다. (3-2) 그런데 뉴올리언스에서 빈곤층은 흑인들을 의미한다. (3-3) 관광객(그리고 대통령)이 찾는 뉴올리언스의 유명지역들은 비교적 잘 재건되고 있다. (3-4) 사태가 심각하고 재활은 지극히 늦고 복구의 진전이 절박한 곳은 눈에 덜 띠는 남루한 외곽 지역들인 것이다. (3-5) 지난 12개월간 뉴올리언스를 재건하고 복원하는 데 실패한 것은, 또한 어떤 경우에는 그러한 복원을 하지 않으려는 기회주의적 결정은 인종주의적 맥락을 벗어나서는 도무지 이해할 도리가 없다. (3-6) 피해가 컸던 '9번 하구'의 거주민 출신 한 사람이 「뉴요커」 기자에게 말했듯이. "그들이 뉴올리언스에서 가난한 흑인들을 쫓아버리려고 이렇게 나온다고는 말하지 않겠지만, 분명히 그 쪽으로 가고 있다."

(4-1) 점차 늘어나는 복구의 진전과 도시계획이 절박하게 필요한 이 산산조각 난 도시에서 개선책은 고통스럽게도 느리고 이미 상당부분은 정체되어 있다. (4-2) 즐겨 자랑하는 이 지역에 대한 $110억불의 연방 지원금 중 오직 $44억불만 전달되었다. (4-3) 루이지애나와 뉴올리언스는 관료들의 부패와 실패한 정책의 대명사들이니, 이 모든 것

을 부시의 책임으로 돌릴 수는 없다. (4-4) 그럼에도 온갖 음모설들이 난무한다. (4-5) 백인 부동산 업자들이 폭풍을 빌미로 흑인 거주 지역을 파괴하려 든다는 의혹은 (이런 선례가 뉴올리언스에서는 이미 있기에) 넓게 퍼져있다. (4-6) 『거대한 홍수』의 저자인 튤레인 대학교의 더글러스 브링클리 교수는 조치를 취하지 않는 것이 의도적이며 정치적인 의도의 반영이라고 믿는다. 즉, 뉴올리언스의 선거구를 줄이고, 이들의 흑인 시민 (겸 유권자들)의 상당 부분을 북풍에 실어 미국 타 지역에 흩어놓아, 구 남부지역의 마지막 민주당 지지 지역인 루이지애나를 다른 주와 마찬가지로 공화당 지지 주로 바꿔 놓는 것이 궁극적인 목적이라는 것이다. (4-7) 이것이 사실이건 아니건, 1년이 다 지났건만, 허리케인 카트리나는 마이클 해링턴이 "또 다른 미국"이라는 유명한 표현으로 지칭했던 이들이 겪는 한심함과 비참함에 대한 분노를 여전히 불러낼만하다.)

C-a 논제와 논지

논제: 앞의 글들과 마찬가지로 카트리나 1주년을 맞아 카트리나 재난 및 이에 대한 대처, 대응이다. 논제를 제목의 앞부분, 즉 main title에 명확히 제시하고 있다.

논지: 이 글의 제목은 사뭇 모범적이다. 제목의 앞부분에 논제를 제시한 후, 콜론(:)을 찍은 후 subtitle을 닿았다. 이렇듯 subtitle에 이 논제에 대한 논지가 나타나는 것이 가장 모범적인 에세이 제목의 모습인 것이다. 말하자면 제목만 봐도 "X는 Y이다"라는 글의 주장이 한 눈에 들어오도록 해놓았다. 일단 제목의 단계에서도 앞의 글들과는 전혀 다른 논지를 품고 있다. 카트리나는 자연재해이고 여기에 미국인들, 특히 민간 자원봉사자들이 적극적으로 복구 및 지원에 나섰고 이것이 결국엔 미국인의 위대함을 보여준다는 식의 논지가 아님을 알 수 있다. 그런데 본문을 읽어가다 보면 이 "human failure"의 숨겨진 또 다른

측면을 파헤치고 있다는 것이 드러난다. 재난에 대한 정부의 늦장 대처는 의도적이라는, 다소 충격적인 '의혹'을 제기하고 있는 것이다. 말하자면 일종의 '인종청소' 전략을 통해 집권당의 지배층을 확대하려 한다는 의혹에 『가디언』은 주목하는 것이다. 이러한 '위험한', 또한 분명히 파격적인 논지를 전개하려다보니 당연히 글이 길어진다. 논리의 단계 하나하나가 확고하지 않으면 상대방, 특히 적대적인 독자를 설득하기 어려운 노릇이므로, 탄탄한 구성으로 이러한 논지를 지탱해내야 한다.

C-b 문단 구성

문단 1: 논제와 논지를 포괄적으로 제시하는 introduction

위에서 말했듯이 일단 제목 자체가 논지를 제시하고 있다. 이렇게 선명한 제목을 단 경우, 첫 문단의 첫 문장도 이러한 제목이 주장한 바에 대한 '질문'에 답변하는 식으로 시작하는 게 좋다. 제목의 앞부분에 제시한 논제에 대한 질문이 예상되기 때문이다. 즉,

> "영국 신문에서 미국 얘기를 왜 하시오?"

아니면,

"영국 신문이 미국 얘기를 뭘 제대로 알기나 하시오?"

란 반문이 나올 수 있고, 이를 예상한 듯, 첫 두 문장, (1-1)과 (1-2)는 논제를 소개할 뿐 아니라 글 쓰는 이의 '발언권'을 주장하는 의도를 담고 있다. 이 두 문장을 통해 '그것이 어디 미국만의 문제인가, 전 세계가 지켜보았는데?' 라는 반문을 한 셈이다.

그러나 아직도 제목이 야기한 반문이 해결되지 않았다.

"어떤 면에서, 또, 왜 human failure라는 것이오? 천재지변인 것을 어쩌라고?"

이 질문에 대한 답변이 다음과 같은 단계로 진행된다.

(1-3) 반문의 여지를 받아들이는 '양보적' 입장으로 시작하며 이것이 최악의 자연재해임을 밝히고 있으나 마지막 부분에서 "American dream"을 거론하며 자신의 논지로 나아갈 길을 터놓았다.

(1-4) 논지를 포괄적이긴 하나 명료하게 선언한다.

(1-5) 앞 문장에서 사용한 "shocked"에 대한 (반문을 예상한) 부연설명을 하며, 문장의 뒷부분에서 논지를 한 단계 더 진행시킨다. 즉, '그 당시에 미온적인 대처는 이해해준다고 쳐도 아직도 그러한 것은 더 충격적이다' 라는 주장 속에 "human failure"의 내용을 구체화시키고 있다.

(1-6) 앞 문장 뒷부분을 이어받아 다시한번 주장하며 논지를 분명히

하는 마무리 문장.

이쯤 되면 제목이 유도한 반문들은 어느 정도 잠재워진 셈이니, 논지를 증명하는 "narration/exposition"으로 넘어갈 단계에까지 무사히 이르렀다.

문단 2: 카트리나 1년 후 현 상황을 보도하는 exposition

(2-1) 전형적인 사실 보도로 보이나, Bush 대통령이 선거운동의 일환으로 New Orleans에 내려왔음을 말하고 있다. 말하자면 앞 문단의 마지막 문장을 읽고 나서

"그래요? 1년이 지나도 지지부진해요? 그건 또 다른 얘긴데, 왜 그럴까?"

이러한 반문에 대한 답변을 함축하고 있는 문장이다.

(2-2) "human failure"란 논지에 대한 부연. 또한,

"그럼 선거를 위해서라도 복구에 적극적으로 나서지 않겠나?"

에 대한 답변이다.

(2-3) 앞 문장을 부연하고 이어질 사실, 수치 등을 이끌어내는 '접착제' 같은 문장.

(2-4)–(2-9) 일련의 명백한 사실들을 구체적인 수치를 통해 제시하며 "human failure"의 내용을 적나라하게 들춰내고 있다. 그러한 사실의 나열도 일정한 전략에 의거해 진행되고 있다.

(2-4) 고향을 떠나 다른 지역으로 분산된 이유를 (2-5)에서 (2-9)까지, 주택, 교통, 학교, 육아, 쓰레기, 범죄, 치솟는 월세 등의 순서로 들고 있다. New Orleans 시내가 도저히 사람이 살 수 없는 공간으로 변모하고 있음을 보여주므로, 문제의 심각성을 부각시키는 데 성공하고 있다.

문단 3: 사실 분석과 함께 논지를 끌어내는 exposition/argument

(3-1) 앞 문단에서 제시한 사실들에 대해, "도시 전역이 그런가?"라는 예상 질문에 대한 답변.

(3-2)–(3-4) '주로 흑인빈민가가 그렇다'라는 이 문단의 논지를 전개하는 exposition. 이를 통해 "human failure"라는 논지의 실체가 한 단계 더 구체화되어서,

첫째, 복구가 늦을 뿐 아니라,
둘째, 특정 인종 거주 지역의 복구가 특히 늦다

는 것이 문제라는 논지로 발전했다. 이렇게 논지가 전개되면 또 새로운 반문이 제기되기 마련이다.

"사실이 그렇다고 쳐도, 그게 꼭 의도한 것인가?"

라는 질문은 의당 예측하여 적절히 다음 문장에서 처리해 줘야 할 것이다.

(3-5) 위의 '예상 질문'에 대한 답변. 논지를 재천명.

(3-6) 그러나 '남의 나라 사람인 당신이 어떻게 아는가?' 라는 반문을 예상한 듯, 현장에 사는 주민의 말을 빌어서 다시금 이 문제에 대한 답변을 하고 있다. 그러면서 논지의 조정도 이루어졌음을 알 수 있다. "꼭 의도는 그렇지 않더라도 결과는 분명히 그렇게 되지 않겠나?" 라는 입장이기 때문이다.

문단 4: 논지에 대한 반론을 처리하는 debate

앞 문단까지 전개, 발전, 조정된 논지를 읽고 나서도 여전히 반문의 여지는 남아있다.

"워낙 피해가 컸는데, 어디 그렇게 복구가 빠르겠소?"
"또, 정부쪽에 책임이 큰 것은 인정해도, 그게 꼭 부시 대통령의 연방정부 탓인가?"

이런 질문이 당연히 나올 법하다.

아니나 다를까, (4-1)은 이 중 첫째 질문의 타당성을 일단 수긍해 주고, (4-2)와 (4-3)은 둘째 질문의 타당성을 부분적으로 수긍해 준다. 그러나 이것이 이 글의 최종 입장일 수야 없는 법. '그래, 물론 그런 면이 있으나, 문제가 분명히 있다' 는 반론에 대한 재반론으로서 debate 가 (4-4)의 "Nevertheless"를 신호로 (4-6)까지 전개된다. (4-5)까지의 일반적인 '설' 의 차원에서의 재반론을 (4-6)에서는 전문가의 발언을 통해 보다 구체적이고 정연하게 개진하고 있다.

(4-7)도 debate를 계속하는 문장. (4-6)의 주장에도 불구하고, 아니 이 글이 여기까지 단계별로 전개해 놓은 논리에도 불구하고, 이 생각에 동의하지 않는 사람을 의식한, 논지의 조정이기 때문이다. '그러한 설이 사실이건 아니건, 아무튼 이게 미국의 수치란 점은 분명하다' 라는 뜻이 함축돼 있다.

C-c 문장 및 표현

정교한 논쟁적 구성이 특징인 이 글의 문장들의 논리적 기능은 이미 위에서 문단구성을 분석하며 살펴보지 않을 수 없었다. 각 문단을 구성하는 문장들은 명확한 논리적인 기능을 하고 있기 때문이다. 이 단계에서는 이러한 논리성에 기여하는 표현의 모습들을 살펴보자.

(1-1) 시작부터 "not only/just … but also"에서 뒤쪽을 끊어놓은 표현을 시작했다. 또한 영국인의 발언자격을 끌어내기 위해 "the inhabitants of America's Gulf coast"를 직접 당사자로 국한해 놓았다.

(1-2) 위에서 당사자로 지목된 집단과 비교할 때 "the whole American nation"이건 "the entire watching world"이건 같은 자격이라는 논리를 세운다. 이렇게 해서 자신의 발언권을 확보해놓았다. "watching world" 속에도 논리를 강화하는 진술이 응축돼 있다. 즉, "the rest of the world was also stunned because they watched what was happening"이란 주장이 거기에 담겨 있다.

(1-3) "the death, destruction and displacement"에서 재난의 강도를 표현하는 데, 같은 자음 소리(d-)로 시작하는 단어들이 만들어내는 "alliteration"(두운)의 효과를 내고 있다. New Orleans를 "the unique city"로 칭송하면서, 이 도시에 대한 호의를 표현하고, 이러한 상대방에 대한 존중을 "the American dream" 자체가 위협에 처해 있다는 말로 이어가고 있다. 결국, 카트리나 사태가 미국의 이상과 명분 그 자체에 대한 도전이라는 표현으로, 이 글이 근본적인 문제를 다루는 깊이 있는 논평이 될 것임을 예고한다.

(1-4) 간단한 구문 속에 논지를 명확히 담고 있다. 이때 굳이 "human catastrophe" 앞에 의미를 구체화하는 정관사를 붙여 놓은 것은, 독자의 궁금증을 유발하려는 전략의 일환이다. (1-3)에서의 "the worst natural disaster"를 지칭하는 "the natural one"과 달리, 아직 the로 지시할 아무런 내용도 제시된 바 없기 때문이다.

(1-5) 먼저 구문부터 살펴보면, 흔히 "It … that"로 사용하는 구문의 형태에 변화를 줘서, 먼저 that 절을 주어에 놓아서 강조의 효과를 노렸다. 또한 앞의 (1-3)에서처럼 상대방을 "richest and most self-confident society"라고 치켜세우나 (이미 두 번째 표현에 반쯤은 조롱이 담겨 있다) 이것 역시 비판을 위해 사용하고 있다. "hard to grasp then … and now"의 표현은 통상적으로는 "X as well as Y"와 같은 형태로, 주로 앞의 X가 강조되지만, 여기서는 뒤에다 "even harder now"로 강조의 부사 "even"을 사용한 점도 문제의 심각성을 부각시키려는 의도의 일환이다. 마지막으로 대시 사이에 들어간 삽입 절은 "hard to grasp then"의 근거로 제시됐으나, 이어지는 "now"와도 연결되어서, 말하자면 '그때나 지금이나 부시 대통령의 유감스런 대응이 보여주듯'이란 뜻을 함축한다.

(1-6) 앞의 문장에 대한 답변임을 나타내는 "for"로 시작해서, "if … then …"의 구문으로, "if" 이하를 전제로 할 때 "then" 이하는 당연한 추론이라는 주장을 담고 있다. 이때 굳이 "humankind"라는 추상적 표현이 나온 것은 앞에 "an act of God"라는 신학적 표현 때문이다.

또한 갑자기 이렇게 신학적인 차원의 표현이 등장한 것은 말끝마다 하나님을 들먹거리는 미국 대통령을 비꼬려는 의도의 반영이다.

(2-1) 부시 대통령에 대한 조롱이 느껴지는 표현이 대거 등장한다. 먼저 "in the offing"은 항해 용어로 (이 단어는 다소 어렵게 느껴지기 때문에 미국 사설이라면 사용될 가능성이 적다), 마치 부시가 물난리 난 New Orleans에 배를 타고 항해를 온 듯, 즉 떠돌아다니는 항해사라는 어감을 준다. 대통령을 굳이 "Mr Bush"로 공식직함 없이 부른 것도 상대방을 존중하려는 태도와는 거리가 멀다. "more time" 앞에 붙은 "rather"도 '다소, 제법'의 뜻으로 비꼬는 어조가 있고, "managed to do"도 '겨우, 마지못해'의 어조가 담겨 있는 말이다.

(2-2) 비교적 선명한 주장을 별 '장식' 없이 담고 있는 사실적 문장.

(2-3) 앞 문장의 사실성을 보다 강화하며, 이어지는 사실적인 데이터 제시를 위해 분위기를 '환기' 하는 단문.

(2-4) 통계 수치 앞에 "Some"은 '대략'의 뜻도 있지만 '무려'의 뜻으로 강조하는 효과도 있다. 이러한 효과는 도시 거주자 인구의 반을 넘는 수의 사람들이라는 괄호 안에 넣은 설명을 통해 강조된다.

(2-5) 앞 문장의 "some", "more than" 등의 부정확하고 포괄적인 추정이 아니라 정확한 수치를 "only"가 강조하고 있다. 이러한

"only/mere + 수치"의 사실적 효과는 (2-6)에서도 반복된다.

(2-7) 위의 (2-4)의 포괄적인 측정과 (2-5)와 (2-6)의 세밀한 측정을 배합한, 또는 그 중간 정도의 사실성을 노리는 문장. 아리비아 숫자 대신 "Only a third", 또한 "less than a quarter" 등이 그런 효과를 내고 있다.

(2-8) 구체성은 줄어들고 다시 포괄적인 시각으로 나아가고 있다. "Waste collection systems", "in many areas"에서 사용된 관사 없는 복수형이라든지, "non-existent in some"의 "some"도 사실은 추상적인 표현이다. "crime, especially violent crime, is rising"도 수치를 제시하지 않았으므로 구체성은 떨어지는 표현이다.

(2-9) 구체성의 강도가 다시 조정되고 있다. "housing costs"의 무관사 복수형은 괄호 속에서는 "rents"의 무관사 복수형으로 이어지지만, 정확한 수치가 등장했으므로, 앞 문장에서부터 다소 약화되던 구체성을 어느 정도 회복하고 있다. 그러나 이것은 모두 의도적이라고 봐야 한다. 적당한 수치를 통한 구체성 전달과 이를 다시 포괄해서 묶어주는 표현들이 교차하거나 뒤섞이는 것이 이 대목의 exposition이 의도한 사실성의 수위이기 때문이다.

(3-1) 다음 진술을 이끌어내기 위한 논리적 전제이다. 문장의 주동사 "impact"가 단순 현재시제이므로 과거시제로 하나의 '사건'을 지

칭하던 앞 문단의 문장과는 다른 효과를 낸다.

(3-2) 문장을 이끄는 "And"는 강조의 효과를 내기 위해 사용되었다. '그런데, 게다가, 특히'의 뜻으로 해석할 수 있겠다. 이 때 대신 "Now"를 쓸 수도 있다. 삼단 논법에서 전제와 결론을 이어주는 중간 진술의 전형적인 모습이다.

(3-3) "the tourists" 다음에 괄호를 이어서 "and the president"라고 써 놓아서, 대통령도 내내 관광객이나 다름없이 피상적으로만 이 도시를 파악할 뿐임을 암시한다. 문장 전체는 앞 문단에서 제시한 논지, 즉 '복구 상태가 대체로 형편없다'는 진술에 대한 반론을 의식한 진술이다. '물론 복구가 제법 된 곳도 있으나, 그 곳은 전시용 관광지들이다'라는 반론에 대한 재반론의 성격을 띠는 문장인 것이다.

(3-4) 눈에 띠지 않는 빈곤한 지역의 상태를 "most… slowest… most urgent" 등의 최상급을 연거푸 나열하며 비판의 목소리를 고조시키고 있다. 이런 자신감은 물론 앞 문단에서 제시한 exposition의 구체성과 사실성에 기초해 있다.

(3-5) 위의 (3-1)과 (3-2)에 기초한 추론이다. '빈곤층은 이 지역에서는 유색인종을 지칭하므로, 인종문제를 배제할 수 없다'는 결론을 이끌어내고 있다. 하지만 아직은 포괄적인 의미에서의 인종문제라고만 주장하면서 "in a racial context"로 부정관사를 사용하였다. 따라

서 다음 단계를 예비하는 문장이다(이때 사용한 "simply"는 '한 마디로, 명백히'의 뜻).

(3-6) 구체적인 '해석'은 실제 인물의 입을 빌어서 제시하고 있다. 문제의 빈곤층을 대변하는 한 사람의 말을 인용하고 있다. '누가 그런 계획은 세우지 않았다고 쳐도, 분명히 그 쪽으로 가는 거 아니냐?'라고 하며, 그 자체는 논지를 다소 조정한 것이기도 하다. 문장을 마무리하는 구어적인 말투, "it's sure going to work out that way"는 이때 '생동감'과 '진정성' (즉 사실성)을 전달하는 효과를 내도록 배치되었다.

(4-1) 앞 문단에서 시도한 삼단논법을 통한 일반화는 (3-6)의 인용만으로는 지탱하기에는 너무나 심각한 주장이다. 따라서 다시 구체적인 exposition으로 반론의 여지를 차단하며 문단의 기본 논지를 보호하는 문장이다.

(4-2) 말 보다는 수치와 화폐 단위로 어필하는 문장으로, 사실성을 적나라하게 드러내는 수사적 효과가 적지 않다.

(4-3) 앞 문장에 대한 반론을 의식하고 있다. '그게 어디 대통령 탓인가?'라는 반문의 가능성을 의식하고, 이를 인정하고 있다. 하지만 "not all"이란 말은 부분적 책임은 있다는 표현이므로, 논지에서 완전히 후퇴한 것은 아니다. 말하자면 곧 '반격'을 할 여지를 마련한 '전략적 후퇴'라고 할 수 있다.

(4-4) 불과 네 단어밖에 안 되는 매우 짧은 문장. "conspiracy theories"의 무관사 복수형을 써서 다소 애매한 (무책임한) '설'을 주장하고 있다. 따라서 이대로는 글이 끝날 수 없으니 곧장 보다 구체적인 진술이 따라 붙을 것임을 예고하고 있다.

(4-5) 이제는 부시 대통령은 논외로 치고, 좀 더 구체적으로, "white property developers"들의 전략에 대한 의혹을 소개하며, 괄호 속 삽입된 절에서는 "has happened"의 확실한 사실적 시제를 써서 이러한 '설'의 신빙성을 암시한다.

(4-6) 그래도 반론의 여지는 남아 있다. 도대체 무관사 복수형으로 사용된 "The suspicion"으로 구체화한 의혹이 과연 누구의 의혹인지, 출처를 따져 물을 수 있기 때문이다. 이에 실명을 거론하며, 게다가 저서의 제목까지 제시하여 발언자의 '권위'를 부각시키며, 이 저명한 교수가 의혹의 주체임을 밝힌다. 그 내용을 들어보면, 이것이 단순한 인종편견이 아니라 공화당 정부의 선거전략과도 연결된 것이기에, 다시 부시 대통령에게 책임이 연결되면서, 애초에 이 글을 시작할 때 언급한 선거전략 문제로 돌아가는 1석 2조의 효과를 내고 있다. 이처럼 중요한 문장이다 보니 구문이 복잡하고 길이가 길다. 여기에 들어간 진술들을 하나씩 떼어내면, 다음과 같다.

· Professor Douglas Brinkley of Tulane University is the author of *The Great Deluge*.

툴레인 대학교의 더그러스 빙클리 교수는 『거대한 홍수』의 저자이다.

- Professor Douglas Brinkley believes the inaction is deliberate and politically motivated.
더글러스 브링클리 교수는 조치를 취하는 것이 의도적이며 정치적인 의도의 반영이라고 믿는다

- He thinks its objective is to make a smaller New Orleans.
그는 그 목표가 뉴올리언즈의 규모를 줄이는 것이라고 생각한다.

- New Orleans will become smaller when a large proportion of its former black citizenry are scattered to the north American winds.
뉴올리언즈는 이들의 흑인 시민의 상당 부분을 북풍에 실어 미국 타 지역에 흩어 놓으면 줄어든다.

- The black citizens are also voters. 흑인 시민들은 유권자들이기도 하다.

- Louisiana is the last Democratic state in the Old South
루이지애나는 구 남부의 마지막 민주당 지지 주이다.

- Its ultimate goal is to turn Louisiana into a Republican state.
궁극적인 목표는 루이지애나를 공화당 지지 주로 바꿔놓는 데 있다.

- The rest of the Old South is already Republican.
구 남부의 나머지 주들은 이미 공화당을 지지한다.

거의 문단 하나는 만들 수 있을 만큼 많은 얘기들을 한 문장에 집약해 놓았다.

(4-7) 앞 문장에서 집중적으로 공세를 핀 후, 한걸음 물러서며 마무리를 하고 있다. 왜 그런가? 누누이 강조하지만, 글을 쓴다는 것은 보이지 않는 '논쟁'의 연속이기 때문이다. (4-6)을 읽고 나서도 여전히 의구심을 버리지 않는 반대자가 적지 않을 것이기에, "True or not"으

로 사실성에 대한 책임을 덜고, '아무튼 개탄할 일 아니겠나?' 하는 도덕적 판단을 "should"와 함께 제시하고 있다. 말하자면 이 문장은 논지를 조정하는 토론을 이어가면서 당위성을 내세우고 감성에 호소하는 peroration의 효과도 내는 셈이다.

C-d 효과 및 전략

지금까지 상세히 살펴보았듯이, 이 글은 매우 구체적이고 명백한 '전략'에 의거해 전개된다. 전체적으로 볼 때, 이 글은 A나 B와 비교할 때 분량이 길뿐 아니라 글의 수준이 높고 논제에 접근하는 방식도 깊이 있다. 사용하는 표현의 품격이나 어휘의 종류가 이 글의 '수준'을 나타낸다면, 드러난 현상 이면에 숨겨진 '의혹'을 캐내는 논리가 '깊이'를 보여준다.

오늘날 영어가 미국의 언어로 인식되는 경향이 (특히 대한민국에서는) 있으나, 영어는 여전히 영국인들의 모국어이다. 가장 자연스럽고 가장 유려한 영어사용의 예는 미국 땅에서 나온 문서들보다는 영국 쪽에서 나온 글들에서 보다 쉽게 찾아볼 수 있는 것이다.

하지만 이 글이 유달리 자신의 지적인 수준을 과시하려는 제스처를 쓰고 있지는 않다. 오히려 비교적 단순한 구문을 사용하며, 문제의 핵심을 담담하게 파헤치고자 한다. 이 글의 힘은 문장의 화려함이 아니라 (위의 C-b에서 분석한) 정연한 논리성에 있다. '가장 논리적인 것이 가장 설득력이 있다'는 아리스토텔레스의 가르침을 충직하게 따르는 글인 것이다.

D '내가 쓴' 사설

자, 이제 각자 논설위원이 되어서 영어 사설을 한번 써보자.

어디서부터 시작해야 하나? 지금까지 이 책에서 강조한 대로, 또한 이 장에서 분석한 대로, 먼저 '논제'와 '논지'를 정해야 한다.

a 논제와 논지

여기서, "아니, 잠깐, 논제는 이미 주어진 것 아닌가?"라고 반문할 수 있을 것이다. 그러나 "카트리나" 그 자체가 논제일 수는 없다. 논제를 좀 더 '작게', 구체화하지 않으면 성공적인 글이 나올 수 없다. 카트리나의 어떤 측면을 다룰 것인지, 가령 자연과학/환경론적 측면인지, 행정/정치적 측면인지, The Guardian 논평처럼 (인종문제가 부각되는) 문화/역사적 측면인지, LA Times 사설처럼 (자선, 구제 등이 부각되는) 사회/보건적 측면인지 정해놓지 않으면 안 된다. 아니면, 아예 '한인사회의 피해' 또는 '한인사회의 대응' 같은 논제로 더 좁혀 들어가거나, 뉴올리언스의 특정 지역이나 카트리나 피해 시기의 한 시점에만 집중할 수도 있을 것이다.

어떤 경우이건, 논제를 가능한 한 좁히고 구체화한 후, 이와 연관된 자료들을 찾아보는 것이 '예비 단계'에서는 필수적이다.

이러한 '논제'에 대한 '논지'는 무조건 자신의 '판단'을 반영한 것이어서는 곤란하다. 잊지 말자. 가능한 한 '객관성의 효과'를 내야 하는 게 이러한 '공적인 언론'의 의무라는 것을. 따라서 논제와 관련된 사실들과 부합되는 '논지'를 도출해야 할 것이다.

가령, 논제가 '카트리나 피해 시 인종 갈등'이고, 논지가 '인종갈등이 더 첨예하게 부각되었다'는 것이라면 이를 뒷받침할 사실들이 제시될 수 있어야 한다. '카트리나 피해에 대한 한인 사회의 대응'이 논제이고 논지가 '대응이 남들보다 더 효과적이었다'라면, 역시 근거가 될 만한 사례들이 확보돼야 한다.

b 문단 구성

논제가 정해지고 (아니, 좁혀지고!), 논지를 뒷받침할 근거자료가 확보되었다면 이제 문단 구성 전략을 세울 수 있다. 문단 구성 전략은 각 문단의 논제와 논지 뿐 아니라, 각 문단을 구성할 문장들의 논제와 논지까지 계획해 놓으면 보다 잘 구성된 글을 만들어낼 수 있을 것이다.

가령, '인종 갈등'이 논제라면,

논제	논지
문단 1. 카트리나 시 뉴올리언즈의 인종갈등	_____
문장 1-1. 카트리나 시 뉴올리언즈의 상황.	_____
문장 1-2. …………	
문장 1-3. …………	
문장 1-4. …………	
문단 2. 뉴올리언즈	
문장 2-1	
문장 2-2	
문장 2-3	
문장 2-4	

> 문단 3.
> 문장 3-1
> 문장 3-2
> 문장 3-3
> 문장 3-4

등으로 '구성도'를 만들어놓고 집필에 들어가도록 한다.

c 문장 및 표현

이 단계에서는,

첫째, 꼭 써야 하는 단어와 표현, 철자들, 가령 Katrina, Hurricane, racial tension, racial conflict, African American, downtown slum, looting, violence, police brutality 같은 영어 단어나 어구들을 정리해 놓고 적절히 필요한 자리에 배치하는 일과,
둘째, 보다 유려한 표현을 위해 사용할 단어나 어구들을 찾아보는 일,
셋째, 각 문장이 문법적으로 하자가 없는지, 어휘 선택이 잘못되지 않았는지, 앞 뒤 연결이 자연스러운지를 점검하는 '교정',

이렇게 세 가지 작업을 하게 된다. 첫째 작업은 어차피 논제를 좁히고 자료를 찾는 과정에서 자연스럽게 얻게 되는 어휘 자원이니 별도로

고민을 하지 않아도 될 것이다.

두 번째 작업은 영영사전이나 동의어 사전의 도움을 얻을 수 있겠고, 쓰다가 말이 막히면 한국어로 써놓고 나중에 한영사전 등을 이용해 그 부분만 번역하는 것도 하나의 대책이 될 수 있다.

세 번째 작업은 사실 글 쓴 사람의 '영어실력'이 종합적으로 반영되는 단계로, 영어 글을 많이 읽어왔고 영어로 글을 많이 써 본 사람만이 정확히 '교정'을 할 수 있다. 자신이 틀리고도 틀린 줄 모르는 경우가 대부분임을 필자는 누누이 보아왔기에, 이 책의 독자가 이러한 '교정의 눈'까지 즉각적으로 갖추기는 기대하지 않는다. 하지만 한 가지 알려줄 수 있는 요령은, 초고를 쓴 후, 일단 '숙성기간'을 갖는 게 중요하다는 것이다.

'숙성기간'이라니? 포도주는 1년 이상의 숙성 기간이 있어야 제대로 포도주 행세를 할 수 있다. 좋은 포도주일수록 더 오랜 세월 통이나 병 속에서 '잊혀진 채' 지내야 한다. 글도 마찬가지이다. 방금 막 자신이 쓴 영어 글을 보면, 얼마나 멋지게 보이고 얼마나 자신이 대견한가? 일을 마친 기쁨과 만족감에 젖어서 자신의 글을 보면 흉한 부분, 틀린 부분이 눈에 잘 들어오지 않는다. 하지만 하루, 이틀, 아니 1주일, 한 달, 1년 뒤에 그 글을 보면, '얼굴이 화끈거릴 정도'로 흠투성이임을 발견한다. 글을 완성한 시점의 만족감과 나르시시즘의 '약효'가 완전히 없어졌기 때문이다.

누구나 자신이 만든 것을 사랑하기 마련이다. 아리스토텔레스의 말이다. 하지만 자기애는 영어 글짓기에는 최대의 걸림돌이다. 자신의 글이 대견하고 자기가 쓴 영어 알파벳이 귀엽기 그지없기에, 그럴수록 시간을 갖고, 자신의 글에 대한 '애정'에서 벗어나서 객관적이고 엄격한 눈을 갖출수록 글의 완성도는 높아지는 것이다. 이를 '포도주의 법칙'이라고 이름 할까? 뭐라고 하건, 자기애를 벗어나려면, 심지어 뻔한 철자 오류라도 찾아내려면 ('카트리나'의 철자를 Catrina로 써넣고도 전혀 발견하지 못할 가능성도 적지 않다) 최소한 하루나 이틀의 '숙성기간'은 필수적이다

d 효과 및 전략

글의 효과는 종합적인 것이다. 좋은 포도주의 맛을 한 마디로 표현할 수 없듯이, 좋은 글의 효과는 단어, 문장, 문단의 구성, 이 모든 게 종합적으로 어우러진 '맛'이기 때문이다.

자, 그럼, 나는 이제 포도주 한 잔으로 탈고를 기념할 테니, 여러분은 이제 영어로 글짓는 재미를 만끽하길!

부록 1

구두점
(punctuation)

A 우리말에서도 쓰이는 구두점

(1-1) 마침표(period): 가장 '쉬운' 구두점이지만, 주어와 주동사가 있는 문법적으로 완전한 문장을 마치는 구두점이어야 한다는 점에 주의해야 한다. 가령 다음과 같은 예들은 마침표를 찍을 수 없는 불완전한 문장이다.

> John Lennon who was born in Liverpool. (x)
> Because John Lennon was born in Liverpool. (x)

(1-2) 의문부호(question mark): 역시 '쉬운' 구두점이지만, 주의할 점은 다음과 같은 남의 말 인용 시 실수를 범하지 않는 것이다.

> He asked me whether I knew John? (x)
> She asked me, "Do you know John." (x)

(1-3) 느낌표(interjection): 쉬울 뿐 아니라 용례도 특수한 구두점이나, formal writing에서는 함부로 느낌표를 찍지 않는 게 좋다. 느낌표를 찍지 않고 차분하고 냉정하게 설득할 방도를 찾도록 해야 한다. 특히, 채팅에서나 사용될 수 있는 "?!, !!" 등은 절대로 사용하지 말도록!

이상의 세 인용부호들은 문장을 마무리하는 표시들임으로 반드시 인용부호 다음에 space bar를 두 번 쳐줘야 한다(즉, 두 칸을 띄어야 함).

(1-4) 괄호(parenthesis): 우리말 작문에서도 사용되기는 하나 영어에서는 너무 자주 쓰지 않는 게 좋다. 괄호 안에 집어넣을 정보를 관계대명사절 등을 통해 본문에 유기적으로 집어넣는 것이 더 좋기 때문이다. 굳이 써야 한다면 다음과 같은 형식으로 써야 한다.

> President Bush (who may not appear like one) is a graduate of Yale.
> President Bush (the son as well as the father) is a graduate of Yale.

주의할 점은(우리말 작문과는 달리) 괄호 앞뒤로는 한 칸을 띄지만, 괄호표시를 열고 닫는 단어사이에는 빈 칸을 두지 않는다는 것. 즉,

> President Bush (who may not appear like one) is a graduate of Yale. (o)
>
> President Bush(who may not appear like one) is a graduate of Yale. (x)
>
> President Bush(who may not appear like one) is a graduate of Yale. (x)

(1-5) 인용부호(quotation mark): 복잡하게 들어가면 한이 없으니 기초적인 essay 단계에서는 다음 사항들에 유의하자.

(a) 항상 겹 인용부호(" ")를 사용할 것.

> The so-called "netizens" often have no sense of belonging to a community as responsible citizens. (o)
>
> The so-called 'netizens' often have no sense of belonging to a community as responsible citizens. (x)

(b) 인용된 부분이 구문을 와해시키지 않도록 할 것. 이를 위해서는 일단 쉼표를 적절히 찍는 게 중요하다.

> The Internet, according to the text, "has made people even more isolated." (o)
>
> According to the text, "The Internet has made people even more isolated" (o)

The Internet, according to the text, tends to "made people even more isolated." (x)

According to the text "The Internet has made people even more isolated." (x)

(1-6) 쉼표(comma): 가장 일반적으로 많이 쓰이는 구두점이면서도 가장 주의할 게 많은 구두점이다. 일단 우리말 작문에서 쓰이는 구두점의 용례와 영어의 용례가 같지 않다는 사실을 꼭 기억해야 한다. 쉼표의 용법에 있어 가장 중요한 사항들은 다음과 같다.

(a) 접속사(and, but, for, since, yet, or, so 등) 앞에서는 쉼표를 찍는다. 특히 접속사 뒤에 쉼표를 찍는 일이 없도록(차라리 안 찍는 것보다 못하다).

The movie was a success with the general public, but the critics hated it. (o)

The movie was a success with the general public but the critics hated it. (o)

The move was a success and, the critics also liked it. (x)

(b) 셋 이상 항목을 나열할 때 마지막 항목을 표시하는 "and" 다음에는 쉼표를 찍지 않도록 한다.

The safest cities, according to the survey, were Geneva, Tokyo, and San Francisco. (o)

The safest cities, according to the survey, were Geneva, Tokyo and San Francisco. (o)

The safest cities, according to the survey, were Geneva, Tokyo, and, San Francisco. (x)

(c) 진술의 의미를 조정하기 위해 삽입하는 부사 표현(for example, in other words, after all, however 등) 앞뒤에 모두 쉼표를 찍어야 한다.

Geneva, for example, is considered to be a very safe place to live in. (o)
Geneva, however is an expensive city to live in. (x)
Geneva after all, is an expensive city to live in. (x)

(d) 형용사적인 기능을 하는 삽입구 앞뒤에 쉼표를 찍어준다.

Tokyo, the capital of Japan, is a globalized city. (o)
Tokyo the capital of Japan is a globalized city. (x)
The capital of Japan Tokyo is a globalized city. (o)

(e) 관계사 앞에서는 '선행사'와의 밀착도에 따라 찍거나 안 찍을 수 있다. 하지만 안 찍는 쪽보다는 일단은 대개 쉼표를 찍어주는 게 보다 안전하다.

Seoul, which had been devastated during the war, was redeveloped rapidly. (o)

> Seoul which had been devastated during the war was redeveloped rapidly. (x)

(f) 절(clause)과 절 사이에는 쉼표를 반드시 찍어줘야 한다.

> Although Seoul was devastated during the war, it was redeveloped rapidly in the next two decades. (o)
>
> Although Seoul was devastated during the war it was redeveloped rapidly in the next two decades. (x)

(g) 절(clause)의 형태로 인용할 때는 앞에 쉼표를 찍어야 한다 (위의 1-5 b 참조).

B
우리말에서 안 쓰이는 구두점

다음 구두점들의 용례는 범위가 위에서 살펴본 쉼표 등의 구두점보다 좁기는 하나 우리말에는 없는 구두점들이므로 그 용법을 정확히 알아두는 것이 필요하다.

(2-1) 소유격 표시 "s"(apostrophe s).

급하게 작문을 하다보면 apostrophe s를 찍지 않는 경우가 있다. 이 경우 명사의 복수형과 혼돈하게 되므로, 반드시 점검해야 한다. 또한 복수형이나 s로 끝나는 단어의 경우 어디에 apostrophe s를 찍는지가 문제이다. 일정한 규칙은 없으나, 대개 복수형은 맨 뒤에, 사람 이름은 별도로 apostrophe s를 하나 더 추가하는 게 관례라고 보면 된다.

> The players' spirit was rather low. (o)
>
> The players's spirit was rather low. (x)
>
> Charles Dickens's first novel was a hit. (o)
>
> Charles Dickens' first novel was a hit. (x)

(2-2) 대시(dash)

이 인용부호는 가끔 우리말 작문에서도 등장하기는 하나, 아직은 용례의 통일성은 없는 듯하다. 따라서 일단은 우리말에 없는 생소한 인용부호로 간주하고 그 용법을 분명히 알아 둘 필요가 있다.

(a) 위의 (1-4) parenthesis와 거의 같은 기능으로 한다. 실제로는 parenthesis보다 더 많이 쓰인다. 따라서 위의 (1-4)의 예들은 모두 다음과 같이 바꿀 수 있다.

> President Bush--who may not appear like one--is a graduate of Yale.
>
> President Bush--the son as well as the father--is a graduate of Yale.

(b) 키보드로 원고 작성 시에 dash는 hyphen key (-)를 두 번 연달아 (앞뒤에 빈 칸 없이) 쳐서 표시한다. 이 점을 주의해야 한다. 가령 다음과 같은 문장에서 복합어를 만드는 hyphen과 dash가 구분되지 않으면 혼란을 가져올 것이다.

Korean-Americans--pretty much like the Jewish-Americans--are family-oriented. (o)

Korean-Americans-pretty much like the Jewish-Americans-are family-oriented. (o)

(c) 늘 열었으면 닫아야 하는 parenthesis와 달리 dash는 다음과 같이 하나만 사용해서 문장을 마칠 수 있다.

Family, hard-work, and mutual help--these are the values that hold together Korean-Americans.

(2-3) 세미콜론(semicolon)

우리말에 전혀 없는 구두점으로 그 기능은 사뭇 특수하다.

(a) 서로 병렬적인(즉, 대조적이거나 비교가 되는) 두 개의 절(clause)을 연결할 때.

The economy is growing slowly; however, it has become stable.

(b) 쉼표가 포함된 단위를 나열할 때.

The safest cities were Bloomington, Indiana; Ithaca, New York; and Austin, Texas.

(2-4) 콜론(colon)

영어 구두점 중에서 유일하게 의미전달의 기능이 가미된 구점이다. 즉, "that is, namely, these are, such as, in other words, to be more precise, more specifically" 등 '즉, 예를 들면, 다른 말로 하면, 보다 구체적으로 말하면'의 의미를 표시하는 구두점인 것이다. 아니, 그 자체가 구두점이라기보다는 하나의 '단어'로 이해해도 좋을 것이다. 따라서 이 구두점은 다음과 같이 써야 한다.

> The best cities include three college towns: Bloomington, Ithaca, and Austin.
> (이때 colon은 "namely, which are" 정도의 의미)
>
> We have to change the regulation of the club regarding its membership: the club should be open to non-college graduates.
> (이때 colon은 'that is', 'more precisely' 정도의 의미)

단, 콜론 뒤에 이어지는 부분이 다른 자료의 문장을 직접 또는 간접으로 인용할 경우, 첫 글자를(원문 그대로) 대문자로 쓴다. 즉,

> The last word of *The Communist Manifesto* is a call for an international alliance of all workers: "Working men of all countries, unite!"
>
> The last word of *The Communist Manifesto* is a call for an international alliance of all workers: Workers of the world should unite as one.

부록 2

기타 주의사항

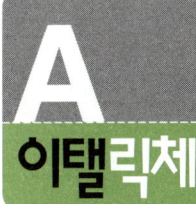

A
이탤릭체

타자로 영어작문을 하던 시기에는 italic을 밑줄을 그어 표시했으나, 컴퓨터 워드 작업에서는 그냥 곧장 italic으로 전환하는 경향이 지배적이 되고 있다. 아무튼, italics는 대표적으로 다음과 같은 경우에 쓰인다.

(1) 출판된 책, 영화, 연극 등 공연, 음반 제목 (이때 제목의 첫 단어들은 모두 대문자로 표시함):

> The *Animal Farm* was written George Orwell.
> I saw *The Lord of the Rings* on DVD.
> The tickets for *Lion King* are all sold out.
> *Jazz Classics* contains all the great jazz music in a sing CD.

(2) 외래어

> The word *han* in Korean is hard to translate into English.

(3) 강조

> Contrary to the predictions, the oil price is gowing *up* rather than *down*.

B
인명 호칭

공식적인 작문에서는 언제나 surname/last name으로 사람을 지칭해야 한다. 왜냐하면 이것은 사람의 이름이라기보다 '문서'의 이름이기 때문이다.

가령,

> As James pointed out, the movie is a bit too long.

이라는 문장에서 James는 친구 간에 이메일이나 메신저 채팅 같은 informal writing(및 일상적 대화)에서는 first name이겠으나, formal writing에서는 surname/last name이다.

C 숫자

영어 작문에서 아라비아 숫자를 그대로 쓰는 것은 좋으나, 도표나 데이터가 아니라 본문이라면 다음 단위들은 알파벳으로 쓰는 경향이 많다.

> thousand ("tens of thousands"), million ("about half a million"), billion ("1.5 billion won")

또한 문장을 시작하는 첫 단어가 아라비아 숫자일 수는 없다. 즉,

12 students passed the test. (x)
Some 12 students passed the test. (o)
Twelve students passed the test. (o)

D
날짜

다음 두 서식 중 하나를 택하되, 한 문서에서는 일관되게 한 가지 서식만 써야 한다.

(a) day-Month-year form:

15 May 2007

(b) Month-day, year form:

May 15, 2007

문서 양식 등이 아니라면 본문에서는 순전히 아라비아 숫자로만 표시하는 일은 없도록 해야 한다.

주소 · 기타

'가깝고 작은 단위부터 멀고 큰 단위까지'의 원칙을 예외 없이 지켜야 한다.

가령, '서울시 마포구 상수동 동아아파트 102동 1201호' 는

> 1201 Donga Apartment 102
> Sangsu-dong, Mapo-gu
> Seoul, Korea

로 쓴다.

편지지는 가로로 두 번 접는다(편지봉투 크기와 맞도록).
여러 장의 문서는 왼쪽 상단만 철한다(넘겨보기 편하도록).